JN015747

市田良彦

ランシエール
新〈音楽の哲学〉

白水社

ランシエール　新〈音楽の哲学〉

はじめに

第一章はランシエール思想全体のレジュメです。彼の著作に親しんでいる人には読む必要のないものですが、その全体を今日の思想状況全般にかかわる論争的文脈に置き、なおかつ一定の視角からやや強引な照明を当てています。彼は自分の仕事が「音楽の哲学」という纏め方をされるとは露ほども思っていないでしょう。この纏め方の正当性を主張することが本書全体の目的でもありますが、この章ではレジュメであることと強引さのバランスを取るために、意図的に長めの引用を多く配しています。あまり翻訳のない彼の仕事の全体像を粗く摑むには、それらだけを読んでも十分かもしれません。

第二章はいわば第一章の例解です。音楽という主題に沿って、第一章に登場する主要な諸概念が提示し直されます。ここから読みはじめても特に差し支えはありませんが、ここから読みはじめた人はランシエール思想について、大学的「解説」が与えるのとはかなり違った印象をもつことになるかもしれません。歪みを恐れる人はそうした解説を参照して、自分なりのバランスを回復してもらえればさいわいです。

第三章は、その例解をさらに推し進める面と、ランシエールから逸脱してしまう面の矛盾した二つの性格をもっています。一方において、この章は彼が『プロレタリアの夜』において労働者文学を対象に行ったことを、「大衆音楽」とされる音楽について小規模に再演する試みです。取り上げられるのはブルースの発生とヴェルヴェット・アンダーグラウンドによるロックの革新。ミシシッピ・デルタの週末の夜とニューヨークの夜を架橋する音楽史です。他方、それを記述するために援用されるフレームは、第一章がランシエールの主要な敵の一人として挙げたドゥルーズ（とガタリ）のものです。音楽家ならぬ「ミュージシャンの夜」――「音楽家」は芸術世界における「ブルジョワ知識人」のようなものであり、「ミュージシャン」は「プロレタリアート」のようなものです――が「音楽の哲学」によって書かれてもよいはずなのに、それが実質的に存在していない。同時に、ランシエールによって音楽的な哲学と批判的に総括される哲学のほうも、音楽家の音楽についてしか事実上書いていない。この二つの不満がこの章を一つの実験として書かせています。批判の対象となる哲学からフレームを借用するのは、二つの哲学が両立可能であると主張したいからではありません。むしろ、問題にしていることが違うと示唆するためであり、その差異をブルースとヴェルヴェッツの連続性と非連続性に投影させようと試みています。簡単に言えば、切断あるいは出来事の経験としての政治的主体化には前史が存在しているであろう、ということです。不断に切断が起こりうるとしても、ひとまず、出来事が過去を前史という一つの連続体にするのは確かでしょう。この問題意識は第一章で取り上げられる政治の「まれ」さをめぐる問いに付き合ってもらえば理解してもらえると思います。しかし第二章に引き続き、この章もまたここから読みはじめてもかまわない独立性をもっています。

第四章はもう一度ランシエールに帰りながら、二章と三章の主題を問題にし直します。『無知な先生』という十九世紀はじめのある教育者を主人公にした彼の著作を、音楽論として発展させる試みです。この章だけは、前の章すべてを前提に書かれています。

第一章　哲学から音楽へ

～ランシエールを駆け抜ける

1　文化大革命の後、プロレタリアはもう眠らない

ジャック・ランシエールは師であるルイ・アルチュセールに公然と反旗を翻すことから、一人の哲学者としての道を歩みはじめた。一九七四年に刊行された処女作『アルチュセールの教え』は、哲学と政治におけるアルチュセール主義との決別を宣言しつつ、その後ランシエールがどういう方向に自らの仕事を展開していくことになるかをはっきり示している。アルチュセールが自分に期待を寄せる「六八年五月の学生たち」に、〈労働者階級の党〉の立場から冷水を浴びせることで決定的になった亀裂[1]は、党の外で、党の「科学的理論」による指導なしに行われる大衆反乱は無力であ

（1）共産党の理論誌『パンセ』、六九年六月号に発表された論文「ミシェル・ヴェレ『学生の五月』を論ず」において、アルチュセールは「五月革命」そのものを「大衆イデオロギー」にもとづく「イデオロギー的反乱」と位置づけた。つまり、革命ではない、と。「五月」を主導した学生たちをアルチュセールは「無政府主義的」、「自由主義的 libertaire」、「新ローザ・ルクセンブルグ主義的」と評し、要するにプチブル・インテリにすぎないとみなした。こうした評価は、共産党の「修正主義」を批判するアルチュセールに自分たちの理論的守護者を見ていた学生たちを驚愕させることになる。ゴダールの革命的映画「中国女」のなかで朗読される革命的テキストの著者、これがそれまで彼らが抱いていたアルチュセール像だった。

るのかという問題へと昇華させられる。それはもちろん、〈文化大革命〉の問題でもあった。ランシエールにかぎらず同じように六八年を契機にアルチュセールから袂を別ったアラン・バディウも、その後「新哲学派」と呼ばれ、左右の全体主義に反対するところから次第に自由主義一般と区別がつかなくなって「派」としては姿を消してしまう人々も、文化大革命に凝縮される中国問題を、党と大衆運動の間、党に代表される「階級」と党に抗う「階級闘争」の間の問題として受け止めようとしたのである。今日、フランスの毛沢東主義《マオイズム》が中国や中国共産党の現実とは何の関係もない一種のオリエンタリズムつまり西洋中心主義の表れだったと切って捨てるポストコロニアル批評も見受けられるが(2)、当の「マオイスト」たちには、問題を一般化して実際の中国から切り離すことこそ、中国という遠い他者からの呼びかけに対する真摯な応答責任の果たし方だったはずである。ともあれランシエールはこうした〈文化大革命〉問題を、中国派の黒幕と共産党からはみなされる向きもあったアルチュセールへの批判を通して文字通り一般化しようとする。理論的に、すなわち、ただ思考を通してのみ接近可能であり、思考を通しさえすれば個別の事情を知らなくても理解可能な仕方で、扱おうとする。〈階級の党〉のいったい何が問題なのか。階級闘争を、ひいては労働者階級そのものを「党」から解放するとはどういうことか。

　ランシエールが切り込む論点は基本的に二つである。そのままアルチュセール理論の全体を要約する術語になっている「構造」としての生産関係と「イデオロギー」だ。アルチュセールの「構造」は、およそ構造主義と呼ばれうる考え方すべてがそうだったように、単に何がしかの構造があると明らかにしたのではなく、構造がそのままでは見えないところ、つまりその担い手（エージェント）の目には歪んで見えるというところに理論的な核心を見ていた。構造は担い手の位置や役割と同時に、そこから見える構造全体の見え方、エージェントの自己意識の歪んだあり方まで決める。まさに、存在が意識を唯物論的に規定するわけである。構造としての無意識にしても、言語にしても、同様である。それらは主体を自分がエージェントであると気づかないような仕方でエージェントに構成し、この無知を主体の自由と錯覚‐意識させる。生産関係を見える通りに正しく記述している古典派経済学は、まさに「正しく」記述しているからこそ構造の認識としては間違っていると判定される。こうした構造主義のアルチュセール・バージョンを、ランシエールは次のように要約している。

> 生産のエージェントは必ず幻想のなかにいる。生産のエージェント、つまりプロレタリアと資本家はどちらも資本主義的生産関係の単なる担い手 supports にすぎず、彼らの実践そのものによって生み出される幻想に惑わされている。あけすけにこう簡潔に述べてもよかったはずのテーゼだ。社会的実践からは偽の観念が生まれる。科学は実践特有の幻想に対し外に立つ視点

（2）ガヤトリ・スピヴァク、『サバルタンは語ることができるか』（上村忠男訳、みすず書房）がその筆頭に上げられるだろう。

からしか基礎づけられえない。(『アルチュセールの教え[3]』、九六頁)

要するに、構造主義とは科学的世界観が「外部注入」されねばならないと説くカウツキー主義の別名ではないのかと問うているわけだ。フロイトやラカンをもち出してみたところで、精神分析という「知」の助けを借りなければ分析主体は欲望の真理を知ることはないし(「我は真理なり」とラカンは言う――ラカンが言う)、マルクスによる古典派経済学批判に倣って『資本論』そのものに「兆候的読解」をほどこすと言ってみても、その「倣う」人アルチュセールは『資本論』のなかにマルクスの哲学は不在であると倣う以前にみなしている。不在だからこそ倣うことでそれを取り出す―作るという任務を彼は設定し、同時に、理論家としての自分を不在の対象から切り離した。何かが「ない」と言明する主体は、そのとき少なくとも確実にその「ない」ものの外に立っているだろう。そしてこの議論は、生産関係の担い手に生産関係は見えないと力説する。エージェントには何が見えているのか、したがって何が見えていないのかが見えていない、と。不在である哲学と同じように生産関係も「中から」は見えず、どちらの場合も「外的な視点」の介入が、真理の抽出、見えないものの可視化には絶対条件となる。これは結局、科学は知識人によって生産され、労働者階級に対し「教える」べきものであると主張するカウツキー主義と同じではないのか。さらに、グラムシ的な意味における労働者階級の「集団的知識人」(あるいは「有機的知識人」)は存在しない、と言っているのではないのか。当時ヨーロッパの諸共産党は、党という集団そのものがグラムシの言う集団的知識人であると述べていた。獄死した英雄に敬意を払いつつも、党を離れては大衆は盲目に等しいとみなしてその英雄の思想を否認していた。ランシエールの目には、アルチュセールも同じことをしているようにしか映っていないのである。師の論理は彼にはこう告げているように聞こえる。人は己の欲望を知るため必ず精神分析家のもとに通わねばならず、『資本論』の哲学を知るためには哲学者による兆候的読解が必要であり、だから、大衆の反乱は決して革命的ではない。

では、見えていないものが見えるようになるにはどうすればよいか。その後のランシエール哲学はこの問いを一つの通奏低音として響かせ続けるだろう。そして、ここでの「見える」とは概念や言語を通して認識する、「語る」ことができるという事態であるから、「まったき他者」であれ「絶滅収容所」であれ「サバルタン」であれ、「語りえない」ものあるいは者をめぐる今日的な言説に対し、ランシエール哲学は何らかの立場を示さざるをえなくなるだろう。しかしその後の展開はさておき、問いそのもののポスト六八年的な定式化――大衆は自分で搾取と生産関係の現実を把握することができないのか、さらには自ら革命的になること、単なる暴動ではない反乱を組織することができないのか――の同時代的世界性をまず確認しておくべきである。ことは実際、毛沢東主義とは何であったかをすでに越えていた。たとえばイタリア。グラムシの伝統を共産主義運動のなかに色濃く受け

（3） Jacques Rancière, *La Leçon d'Althusser*, Gallimard, 1974.

継ぎ、ごく一部のインテリを除いてはアルチュセールや構造主義の影響をほとんど受けることがなかったこの国において、同じ問いは独特の「主体主義」として変奏されている。その極限が、労働者の「階級構成」には党的な組織はおろか労働組合さえ必要ないという主張にまで突き進む「労働者主義」operaismoである。そこでのキーワードである「自己価値付与」は、階級構成過程に対する一切の外的規定を拒む姿勢を印しづけており、件の問いに対する労働者主義の答えは、「党」を解体して外在性を消去すること自体が反乱の組織化にとって最大の戦略だ、つまり戦略を立てる頭脳を組織としてもたないことが戦略だという逆説として表現される。これは言うまでもなく、解体の後に生起する「主体の実践」に問いの解決を委ねているのであって、グラムシ言うところの「司祭的知識人」（有機的知識人に対立する、人々に「外」から真理と掟を告げる普遍的知識人）の立場から、つまり未来を知っている立場から答えを与えているのではない。「できるのか」という問いを立て「できる」と答えるのではなく、「やってみよう」とだけ答える姿勢である。日本にあっても、中国共産党とも労働者主義とも無縁のところで「自立」が運動的に問題にされたことは想起するまでもないし（確かに、「党」の革命的解散を宣言した党派は存在した）、世界的なヒッピー・コミューン現象や「自由」へのリベルタン的渇望さえ、同じ〈内在性の実験〉という文脈に置いてみることは可能だろう。そうした時代にランシエールは、問いをアルチュセール的構造主義に対するアンチ・テーゼの形に種別化することで、哲学者としての同時代性と独自性の両方を示していたのである。

二番目の論点である「イデオロギー」にかんするランシエールの評価は、次のように要約される。

［アルチュセールのイデオロギー論により］我々は土俵を移ってしまった。［マルクス的階級闘争から］コントあるいはデュルケーム・タイプの社会学へとだ。そこでは、社会集団の一体性を確実にしたり解体したりする表象システムしか事実上目に入っていない。（［　］内は引用者補、『アルチュセールの教え』、二三一―二三二頁）

一般にアルチュセール・イデオロギー論については、単なる虚偽意識としてではなくあらゆる共同性が維持される基礎としてイデオロギーを捉えるところに、マルクス主義理論史上の卓越性があるとされる。原始共産主義の時代にも未来の共産主義社会にあっても、つまり、階級性に由来する思考の歪みがなくとも、アルチュセールにとってのイデオロギーは存在する。確かに、そのように把握することにより、主体概念が哲学のなかで強固に示してきた超越性が唯物論的に説明されたとは言えるかもしれない。主体を作ることが超歴史的なイデオロギー（「イデオロギーは歴史をもたない」）の使命であるとされるからである。しかしこれは、つねに何らかの社会がある、その社会の一体性は必ず何らかの仕方で表象される、と述べるだけのことと本質的にどこか異なっているのか。社会の「一」性（一つの社会が存在することの自明性）をメンバー主体の「一」性（私は私であることの透明性）により説明することは、議論をすりかえているのでなければ、社会のなかでその主体が占める位置あるいは機能の「一」性（靴屋や靴屋であって農民ではない）に社会成立の根拠を求めることと表裏一体であって、役割の一義的配分体系が一つの社会を定義するという「社会学」であるだろう。家庭にあっては「夫」と「妻」、ゆえに家族社会学、学校にあっては「教師」と「生徒」、ゆえに教育社会学。おまけに役割の「一」性がそれぞれの社会を成り立たせているとすれば、社会学とはプラトニズムの亜種と言うべきだろう。ランシエールは実際、その後たびたび、プラトンの『国家』第三巻を社会学の淵源として参照することになる。「靴作りはまさに靴作りであって、靴作りの仕事に加えて船長を兼ねるのではなく、農夫は農夫であって、農夫の仕事に加えて裁判官を兼ねるのではなく、戦士は戦士であって、戦争のほかに金儲けをするのではなく、そしてすべての者がこのとおりであるのを、われわれは見出すことになるだろう(4)」。言うまでもなく、理想的な共和国において「見出す」のである。役割の配分体系のなかで占める位置に固有の観念が配分体系の存続を保証するというかぎりでは、プラトンとデュルケームとアルチュセールの間に大きな違いはない。イデアと規範とイデオロギーは、基本的に同じ振る舞いをして、同じような仕方で社会なるものを想定する。

どこか外からやってくる「科学」が中の人間たちに、君がそこでやるべきことは一つであると教える。ランシエールがアルチュセールに見出したこの構図のようにしかアルチュセールを読むことができないかどうかは、それ自体立てるに値する問いであるだろうが、少なくともそれが、ランシエールに哲学者として自らの道を歩みはじめさせる契機となる「おかしな話」だった。マルクスの『哲学の貧困』をもじった『哲学者とその貧者たち』では、同じ「おかしな話」はアルチュセールから遡ってマルクスその人にまで発見される。つまりマルクスの解釈をめぐってはじまった分岐は、やがてマルクス主義自体に疑問の目を向けるようになる。同書は『共産党宣言』の「科学的社会主義」についてこう述べる。

科学は説明のつかない現象である。イデオロギーは説明されている。過剰に説明されてさえいる。模倣を生むこと、生産を模倣すること、社会秩序が工場となるありふれた現実、などとして。科学のほうは偶発的であり、製造と模倣の規則だったゲームにおけるサイコロの予測不能の一振りだ。それはすべての場所のなかで、突拍子のない非―場所である。（『哲学者とその貧者たち』[5]、一一六頁）

鎖の他に失うものをもたない労働者は資本主義社会における無だ、という革命の呼号には、こう応える。

（4）プラトン、『国家』（上）、藤沢令夫訳、岩波書店、二〇七頁。
（5）Jacques Rancière, *Le philosophe et ses pauvres*, Fayard, 1985.

労働者の（革命的な）徳質にもとづいた階級意識ほど想像するにグロテスクなものはない。何を「やっている」かが存在属性を規定するのではなく、逆だというのだから。プロレタリアはただ一つのこと、革命しかやることのない人間であり、自らの存在属性によってそれをせずにはおれない人間である。その属性が、すべての属性の純粋な喪失だというのだから。プロレタリアはここにいてもいない人間である。（同、一二一―一二二頁）

日々の暮らしの唯物論的な現実が人間の意識を規定するという『ドイツ・イデオロギー』の根本テーゼには、農夫には農業以外のこと、とりわけ公共のことがらなどに意を砕く暇もきっかけもないはずだという「時間の不在をめぐるプラトン的規則」の「奇妙な残響」が聞き取られる。

［「生存の物質的諸条件」を述べる］ここでは、天上界と地上界の転倒という偉大な事業が遂行されているはずなのだが、生きるためには食べねばならず、飲まねばならず、服を着て住まいをもたねばならない、といった発見を告げ知らせるためだけにかくも大騒ぎをする必要があるのか。『国家』第二巻に書いてある以上のことはほとんどない。（同、一〇八頁）

プロレタリアの夜は、休息し、子供を作り、資本主義的再生産過程の一環として自分たちの身体を再生産する時間にすぎないのか。資本家から商品を買う身体を生産するためにプロレタリアは家路につくのか。夜はあくまで生産の中には無い時間、非商品生産的であることで商品の再生産に寄与する時間であるのか。そのように考えることが唯物論であるなら、なるほど、労働者が資本のくびきから解放された計画経済下の社会は一方において超分業社会であり、他方すなわち職場の外では、プラトンの洞窟よろしく電気もままならない我が家の居間で労働者が党文献の学習にいそしみ社会主義の全体理念を体得する社会であっても不思議ではない。「現実の社会主義」の姿がプラハの春の悲劇的終焉を経て、反体制派知識人の地下ネットワークを通して西側にもどんどん知られるようになってきていたころ、政治的には確かに反ソ親中マルクス主義者であったフランス人哲学者は、東方からの「自力更生」の呼び声（労働者には自分で考える力がある、階級関係を見る力があると言っているわけだ）に、マルクスでさえプラトニズムにそまっていると思考を進めるラディカリズムでもって応えたのである。哲学者はまた、権利上あるいは道徳上の非難をマルクス主義の労働者観に対して向けるだけでは満足しなかった。言ってみれば、それだけで満足してさっさと理念を捨てたのが新哲学派の者たちであるのに対し、ランシエールにとり「プロレタリアの夜は～にすぎないのか」は単なる道徳的修辞疑問ではなく、字義通りに問いであった。つまりそれは、労働者たちが夜、実際に何をしていたのかを問うているのである。閨房の話ではない。問いは分業に、それも肉体労働と頭脳労働の分業にかかわっているのであって、「プロレタリアの夜」は、体を使って働くという一つの役割だけを与えられた人間たち、したがって睡眠と子作りだけを夜の仕事として割りふられた人間たちが、現実の夜、その分業に抗うようなこと、つまり「思考」をしていなかったのかを問題にしている。大著『プロレタリアの夜』は、「ない」ことにされた思考をめぐる思考によって切り開かれた「調査」の書にほかならない。

この書の主題はなによりもまず夜の歴史である。労働と休息の規範的継起交代から引き剝がされた数々の夜の歴史である。そこではものごとの規範的進行が、目立たずに、荒々しくもないやり方で中断される。そのことだけですでに、不可能であるはずのことが準備され、夢見られ、生きられているのだ。手ずから働くしかないとされる人々を、考える特権を享受してきた人々に従属させる先祖伝来のヒエラルキーが一時停止するのである。勉学の夜、陶酔の夜。(『プロレタリアの夜』、八頁)(6)

ここですでに、二つの新しい分岐が事実上開始されている。一つ目。〈党からの労働者階級の解放〉はランシエールにとり、実践の哲学、生の哲学のほうへ足を進めてはならない。ヘーゲル風味のイタリア〈主体主義〉左翼路線であれ、ドイツ流の反あるいは非合理主義〈文人〉路線であれ、理性的に把握される「思惟の構造」とは別のところに実践、行為、生、等々の秘密や仕組みを置いて、その何かしらエネルギッシュな創発性に期待をかけるのは、〈労働者は考えない〉を是認するのと同じである。それらは思惟とは区別されるところに意味があるのだから。実践の哲学は実際、肉体労働と頭脳労働の分業の哲学ではないのか？ 大衆を信頼するという口実のもとで純粋「行為」を最終審級において肯定することは、考えていないから偉いと倒錯的に居直るか、リアリズムという名の敗北主義に逃げ込むことと大差はない。労働者は考える、考えていないはずの者たちが考えている、そのこと自体の逆説性が労働者たちの残した文書のなかにどう表現され、いかなる集団的発話に繋がっていくか、そしていかなる〈主体化〉をもたらすか。さしあたり、それだけが問題だ。しかしそれだけですでに、「調査」のもつ反実証主義的あるいは反人類学的な性格もまた明らかだろう。これが二つ目の分岐である。〈考える労働者〉に耳を傾けるとは、黙せる大衆の意志を世論調査的に抽出することでも、語られた言葉を転写することでも、読み取りにくい隠れた意味（野生の思考？）を翻訳することでもないのだ。実証的に取り出せる思考の内容が問題なのであれば、そこに見出されるのは多くの場合、支配的思考の転倒された鏡像、現実を逆立ちさせた夢想にすぎない。司祭的知識人すなわち「外」からの目には、労働者はやはり考えていない、これはその証拠である、としか映らないような無思考の痕跡ばかりだろう。実際、ランシエールが調査するアーカイブのなかの労働者には「思想家」はいないし、「独自の思想」という意味ではなるほど「サバルタンはそれを語らない」。語られたことの文学的、民俗誌的な〈価値〉（豊穣な大衆文学！）もまた問

（6） Jacques Rancière, *La nuit des prolétaires - Archives du rêve ouvrier*, Fayard, 1981.

題にならない。それは端的にランシエール的関心の埒外であるだろう。支配的言説と同じことを語ってなお、あるいは同じことを語ってこそ、支配とマルクス主義が労働者に指定するアイデンティティ＝「騙されるだけで考えない人」を崩壊させうる回路を、この「調査」は探求する。ただ語るか語らないかだけ、あるいは何を語るか、に着目していてはまさに「見えない」語りの演出に、それは目を向ける。それも、集団的な演出に。この立場のポレミカルな意味を理解する上で、次の文章は精読に値する。

> 「識る」ということをめぐる古い分割と新しい分割の隔たりを見定めておくことは意味があるだろう。新しい分割は、思惟、言説、イメージを、科学とイデオロギー、権力と抵抗、支配と異説分派、等々が「階級闘争」を繰り広げつつ二重に登録されるところへ配置する。そして、職工と靴屋、指物師と鍛冶屋が自身のアイデンティティと発話の権利を同時に、選言の論理に導かれて問うような舞台《シーン》＝場面を展開させてやる必要がある。つまり、一方が成り立てば他方は成り立たずという論理である。この冒険のなかで彼らは、眠らないでいることのできる人間の夜、他人に頼む必要のない人間の言語、お世辞を言ってなだめなくてもいい人間のイメージを自分のものにするのだ。階級としての言葉や労働者アイデンティティを奪われた状態から集団的表現にいたる、まっすぐだと想定されがちの道を歩むには、この迂路、この混合舞台を経由する必要がある。そこではプロレタリアたちは、彼らに会いにやってきて、しばしば彼らの

> 役目を代わりに引き受けたがる知識人たちと結託し、上からの言葉と理論をもちいて試行錯誤し、誰が他人に代わって語る権利を有するのかを決める古い神話を、再演しながら移動させる。いくつかの奇妙な情熱、偶然の出会い、神の性別や世界の起源をめぐる議論を通して、労働者たちの大きな集団性のイメージが形作られ、その集団性の声が聞こえるようになるだろう。（『プロレタリアの夜』、三四頁）

認識をめぐる古い分割モデルは次のように言う。考えることと体を動かすことは違う。肉体労働をするとは思考しないという意味だ。けれどもこの古い分割はただ一つの労働モデルに由来しているだろう。同時に二つのことをすることはできないし、するべきでないという規範的なモデルである。そこでの〈考える〉は、この規範的肉体労働モデルにしたがって自分を表象し、それによって肉体労働を自身から遠ざけているのである。これに対し新しい分割は次のように主張する。労働者が語る、とはそれ自体ですでに新しい分割モデルの実践的提示である。体を動かすことと考えることが一つの語りにおいて同時に遂行されており、語ることそのものが、二つのことを同時に行えるという主義主張にほかならない。一つの同じ語りが異なる労働モデルを争わせ、新しいモデルから見たときには、同じ語りであっても、考えることと体を動かすことの「語り」内的分節がまったく違っているのである。一方が、同じことしか言っていないではないか、独自の新しいことは何も言っていないではないかとみなすときに、他方は、その同じことが私の語りである、と応酬する。同じように考えるのでも行為するのでもない二つの陣営の区別が、一つの同じ語りを通じて現実化する。二重の操作として遂行される語りが、それを承認しないモデルとの衝突を通して、考えることと行為することとの編成・分節を不安定化させる。まさに同床異夢が露呈されるのであって、労働者は知識人と同じことを語りながら、知識人の語りを「再演」しながら、語りを「移動」させていく。別のことは何も語られていないのに、あるいは別のことは何も語られていないから、一つの同じことをめぐるコンフリクトが上演されうるのである。これはやがて『不和』(7)において政治そのものと定義されるにいたる発話の演劇モデルだ。

2　サバルタンは倫理と分子革命に反対して演技する

「サバルタンは語ることができない」と語るスピヴァクは次のように書いている。

わたしたちの向かうべきイデオロギー理論は、representationというカテゴリーが二つの意味をもっている事実を看過するわけにはいかない。イデオロギー理論は、世界の現実のなかにあっては「英雄たち」、父権的代理人たち、権力の代弁者たちの選択が行われており、またこうした者たちが必要とされているという事実——Vertretung——を、世界の上演——それの記述のシーン、それのDarstellung——がどのように包み隠しているかに注目しないわけにはいかない。（『サバルタンは語ることができるか』、二五頁）

ここでは舞台＝場面《シーン》Darstellungが、他人に代わって語る代理関係Vertretungを隠蔽する働きにおいて捉えられている。舞台は、別のことを言わせないために設えられ、そこでの発話の対極は沈黙である。舞台は、語っている人間が考えている人間だということにする装置である。みごとな対称性に注目しないわけにはいかないだろう。『プロレタリアの夜』を貫く問題構成にあっては、Darstellungは隠蔽的にではなく暴露的に働き、それを通じて労働者は自分をVertretungするようになる。他人の言葉を借りて語ることにより、他人と衝突を来たして他人による代理を拒絶するようになるのである。スピヴァクは一つの言葉しか語られえないのが舞台の制約である、あるいは同じことが語られていれば別のことは語られていない、つまり語りは一重であると考え、ゆえに語らない者たちを舞台の外で代理しなければならないとさらに考えているように見えるが（「知識人の取

（7）ランシエール、『不和』、松葉祥一他訳、インスクリプト。原著は次の通り。Jacques Rancière, *La mésentente - Politique et philosophie*, Galilée, 1995.

るべき解決策は代表することから身を引くことではない[8]」）、夜の労働者たちは同じ舞台のうえで同じ言葉を語る人間たちに「選言の論理」を働かせようとする。「出て行け」である。そのかぎりでは、いずれの場合にも「representation をめぐるダブル・セッション[9]」が働いているのだが、まさに内部編成が正反対なのである。『プロレタリアの夜』が提出し、やがて『不和』が形式化する論理構成においては、「サバルタンは（支配階級と別のことを）語ることができない」から、この不可能を抗争的に演出 Darstellung することが可能であり、この抗争を通じて主体としての自らを Vertretung するようになることが可能である。右の引用のスピヴァクにあっては、語ることの不可能はすなわち Darstellung の不可能であり、ゆえに別の人間に Vertretung されねばならない。ここでは Vertretung は「倫理的」（という意味での他者への政治的な）要請であるが、ランシエールの労働者たちにとり、それは可能性が論理的に生み出される自らの「政治」である。しかしスピヴァクその人も、「サバルタンは語ることができるか」と問うことにより、「語る」を抗争的な舞台の上にのせているのではないか？　あなたの「語る」は私のいう「語る」なのか、とドゥルーズとフーコーに向かって問うたのではなかったか？　生理が来るのを待って自殺した若いインド人女性活動家は、スピヴァクの分析によってさえ、語っていないのではなく、その自死を演出 Darstellung しているのではないか。語っている内容は永遠の謎に止まる、それゆえいかような解釈‐回収も可能であるとしても、一つのことははっきりしている。女性活動家は選言の論理を実行して見せた。受動的に舞台から追い出されたのではなく、自分で出て行ったのであり、敗北は確かでもこの事実は揺るがない。彼女は古い手段を用いて自分で自分を Darstellung し、その結果自分を Vertretung し、主体になった。

夜の労働者の主体化は演劇的に遂行される。そのかぎりにおいて、スピヴァク・モデルと対立しつつ同じように「サバルタンは自分で語る」陣営を形成するランシエールとドゥルーズ＝ガタリ（あるいは「マルチチュード」概念の信奉者）は、陣営内部で別の対立関係に入ることになる。

（ドゥルーズ＝ガタリにおける）分子的なものとモル的なものの関係には多分二つのことがあるのでしょう。まず、構成ずみの実体、構成ずみの主体からなる世界から出ようという意志です。人民やプロレタリアート人民といった主体形式に固まることがない一種のエネルギーに訴えようという意志。それは多かれ少なかれ、私が美学革命と呼ぶところのものによってもたらされます。ロマン主義革命とはまず、様々な姿形、決まった個体性から、前＝個体的な世界への移行です。小説に登場する個人が情動と感覚に解体され、絵画に描かれる個人が筆遣いや色のバイブレーションに解消される。思うに、美的ないし物理＝美学的なこのモデルを、ドゥルーズ＝

(8)『サバルタンは語ることができるか』、四四頁。
(9) 同書二五頁。

ガタリは政治のモデルに移植しようとしていたのです。それをもって、代理‐表象 représentation 問題にけりをつけようとした。大衆概念に凝固する大衆に、主体なきエネルギー、流れるエネルギーを対置しようというわけです。それが「マルチチュード」の意味するところである。しかし問題は、政治において人はつねに舞台を作るということです。ドゥルーズ‐ガタリは演劇モデルを避けようとしていました。彼らは解体した個体性の小説モデルを演劇モデルに対立させようとしたのだと言っていいでしょう。しかし私は政治はつねにいくばくかは劇場の構成だと思うのです。

（……）人民など古いモル的概念であって、それをマルチチュードの分子的エネルギーに取って代えねばならない、とよく言われます。しかし私にとって人民は集団を構成するのではないし、人民は大衆ではない。それは純粋に主体化の形式なのです。（……）「我々は人民である」というスローガンにおいて、「我々」と「人民」は別のものを指していることになります。政治は二つのものの間の隔たりのなかに構成されるのです。分子的なものとモル的なものを対立させることによって、ドゥルーズ‐ガタリは正反対のことをしているように思えます。彼らは政治的主体の一種類の現実性が欲しいのです。私にとって政治は演劇的で人為的な空間の構成なのです。（『ディソナンス』誌、インタビュー[10]）

「我々は人民である」において「我々」と「人民」は、繫辞の作用により結びつかない可能性もある二つの集合を形成する。「彼らが人民である」あるいは「我々は人民ではない」と発話する可能性が、「我々は人民である」を一つの有意な文にするのである。つまりそれは、一つの文に結び合わせることにより「我々」と「人民」を切り離してもいるのであって、そのことにより、一つの帰属関係（「彼らが人民であって我々はそうではない」）への異議申し立てとしての意味をまとっている。この結合と分離の同時遂行がランシエールのいう演出であり、政治にほかならない。集合ないし集団の内的組成の状態（モル的か分子的か）を問う「マルチチュード」は、彼の言う意味ではそれ自体としては政治的ではなく、「我々＝X」の現実性だけを問題にする。「＝」は距離の不在、実体的一致だけを表示する。とすれば、ランシエールの目から見たときには、「語らないものは現実的に存在していないのと同じ」だからそういう現実性を批判する（＝語らないものの代わりに語る）必要があると言っているように思えるスピヴァクは、ドゥルーズ＝ガタリと同じ政治観を共有しているように見えるだろう。どのように自分を語るかの「内容」に政治的主体性を見る――モル的か分子的か――立場と、語らない者の主体性の事実上の消去を主張し、批判する――「みずから知っていて語ることができ、代表しようにも代表しえないサバルタン的主体などといったものは、そもそも存在しない」[11]――立場は、ランシエールの目にはシンメトリックなはずである。「我々」と

（10）http://multitudes.samizdat.net/articl1416.html
（11）『サバルタンは語ることができるか』、四四頁。

「人民」（あるいは「サバルタン」、あるいは「マルチチュード」）が一体のものとして存在しているか、両方共に存在していないかは、両者の「結合による分離」を問題にする視点からは実際、同じ構図を共有している。「＝」で結ばれるものは離れないという構図である。そこでは「我々」と「人民」は消えるときは一緒に消える。

「語ることができない」とされる存在は、にもかかわらず、政治をめぐるランシエールの考察の中心に位置していると言うことができる。自ら語ることが政治であり、他人による代弁はそうではないという「マオイスト」的でも「主体主義」的でも「ドゥルーズ‐ガタリ主義」的でもあるその主張は、「語るに任せよ、誰でも自分のことは自分で語れるのだから」という倫理を含意しているのではない。誰でも自分のことは自分で語れるのにいくら語っても語っていないとされ、その声を聞いてもらえない機制が存在していて、この二つのこと、つまり公理的に存在が認められる能力とその公理性を否定する仕組みの衝突から、ランシエールの定義する政治は生まれるのである。人間の語りを動物の鳴き声と同じものとみなし、その声を発する人間を共同性の外に追いやる、これが『不和』によれば政治の起源、原‐政治にほかならない。プラトンを受け継ぎ、アリストテレスが『政治学』において政治を定義する根本に置いた排除である。ここでなにより注意すべきは、この排除がすなわちランシエールの言う政治であるのではないという点だ。この排除は語る存在の平等に先立たれていて、この平等が事実としてあるがゆえに、支配と統治を正当化するために遂行される。そして、先行する平等は排除によって決して消滅することがなく、排除の只中にたえず姿を現すゆえにたえずその排除が実行される。語る存在の平等はたんなる事実にすぎず、ゆえにそれ自体としてはなんら政治的ではなく、排除はそれに対する支配者の側からの反動であり、この反動の結果として生起する事実の側からの反乱が十全な意味における政治にほかならない。「政治哲学」（プラトンとアリストテレスの。しかしそれ以外の政治哲学はあるのか？）は平等に対し「遅れてやってくる」のだ。それは事後的に、奴隷や異邦人（バルバロイ＝野蛮人）の声を「理性的存在」の発話ではないと断じ、彼らを共同体の外に置くことにより政治に直面する。事態がことさら政治的になるのは、ギリシャ世界に何も財産を所有せず、共有財産の管理にも参与しない「自由人」が生まれたときである。解放奴隷という存在資格が現れ、さらに市民が債務不履行によって奴隷の身分に落とされることはないと決定された頃である。自由人は理性的存在として、共同体のメンバーになる最低限の条件を承認されている。彼らは「語ることができる」。彼らは有産市民や為政者と、メンバーとして無差異であり、同じように自由人である。つまり自由人という資格は共同体そのものを代表 Vertretung しており、したがって自由人には共同体の「すべて」を要求する権利があり、民衆は自由人としてその要求を声に出す。民主主義による共同体の管理だ。ところがそれは、そもそも理性的存在と動物を区別させている論理、さらには理性的存在内に徳質による区別（誰が共同のことがらの管理にあたるべきか）を設けさせている論理、要するに平等な語る存在の間へのヒエラルキー導入を正当化する「幾何学的平等」の論理からすれば、「間違っている」のである。

「間違っている」にもかかわらず、共同体のなかには「算術的平等」だけを有する者たちが間違いなく存在しており、その平等が共同性の最大公約数であるにもかかわらず、彼らは事実上、すなわち財産にかかわることがらにおいてはメンバーとして数え入れられていない。彼らは共同体の言わば「ゼロ」メンバー、「縁」であり、共同体の「縁」であるから「外の人」ではないが、「ゼロ」であるからいないも同然である。彼らの「分け前」partは「ない」ものとして「ある」。そのことを〈民主主義〉の要求は表現Darstellungしているわけだ。「我々は人民である＝全員である」という定式により。

この政治観を簡潔に要約してみよう

❶　政治は特殊な発話の問題であって、存在のあり方、内部組成の問題ではない。後者の立場をもっともよく示すのはスピノザの次の言葉であるだろう。「私は政治を一つの人間的生のことであると解する」[12]。ドゥルーズはスピノザの『エチカ』を第一存在論と位置づけ、ネグリはその後、それらを結びつけて「政治とは存在論である」、「存在論とは政治である」という立場を強く押し出すようになる。政治思想史的にみれば、こちらの立場のほうが「六八年革命の思想」としては確実に正統であって、その革命のなかで盛んに言われた「すべては政治である」（大学に教壇が存在していることも、結婚制度があることも、コンサートを開くことも……）の系譜を受け継いでいる。フーコーですら、講義草稿のなかで「統治性」という彼の晩年の問題設定を「すべては政治である」と重ね合わせている（結局その箇所は読み上げられなかったものの）[13]。そしてランシエールははっき

りとそれに反対する。「すべてが政治である」なら「特に何かが政治的であるわけではない」ことになる、という理由で。[14] 彼にとっては、「間違った」集団的発話があるところにだけ政治がある。

❷ 政治は制度や審級を構成せず、それらのなかで、あるいはそれらをめぐって行われる権力闘争でもない。制度や審級はむしろ政治を抑圧するため、民衆に対し「間違っている」と言うためにある。力関係は様々に変化し、制度は歴史的に変容するが、政治はつねに共同性をめぐる一つの同じ発話であり、歴史をもたない（そのかぎりでは、アルチュセールの「イデオロギー」と同じである）。ギリシャの昔から今日まで政治は変わることなく「反乱」として生起してきたし、今後もそうであろう。「歴史の終わり」という言説と共鳴しながら、リベラリズムは盛んに政治そのものの終わりを示唆するが（市場が唯一の思想である、利害の調整とコンセンサスの形成が「政治」である……）、発話としての政治は超歴史的であるがゆえにそもそも終わりようがない。その点ではランシエールは、「解放は公理である」とするバディウと同じ陣営を形成すると言っていい。反乱、解放の政治はまれにしかに生起しないが、歴史を超えて政治そのものの抑圧に抗議する。

（12）スピノザ、『政治論』、V-5。
（13）七八年の講義草稿。Michel Foucault, *Sécurité, territoire, population*, Gallimard, p. 221.
（14）ランシエール、『不和』、六四頁参照。

③　正確に言えば政治が排除されるのであって、非理性的存在とされる者たちの排除が政治であるのではない。この微妙な差異はランシエールの政治観にとり決定的であると言うべきだ。原-政治は、「語るだけの存在」、分け前をもつべきでないのに全体の名においてそれを要求する者たちを、共同体の外にいる「他者」だということにして、共同体を「倫理的共同体」に構成しようとする。しかしこの企図は、「語る存在」がつねに目の前にいて、ときおり反乱を起こす事態の事実性に対する強迫神経症的振る舞いにすぎず、言い換えるなら「他者」は「他者」ではなくプラトン的共同体の「中」に特殊なメンバーとして実在しており、その共同体の「自己」とともに「政治的共同体」を作っている。原-政治は抗争としての、あるいは本性において抗争的な政治的共同性を否定し、共同体が倫理的なものであると主張する。政治的共同性はつまり倫理的共同性の「抑圧された自己」だ。その意味においては、二重の意味において表象 représenter できない「まったき他者」を考えることほど、非政治的、反政治的態度はないだろう。他者との関係をめぐる倫理問題は、倫理的共同体が否定する政治的関係を「他者」なるものに実体化、物象化しているにすぎない。つまり、共同体とは政治的ではなく倫理的であるというプラトニズムを承認している。共同体から排除された「他者」を Vertretung するという問題は政治問題ではない倫理問題にすぎないのである（倫理が重要ではないという意味ではない）。その問題にあっては、他者とされる存在を共同体のなかに迎え入れて「コンセンサス」を形成することが目指されるが、そのこと自体が次々にコンセンサスの「外」を作り出して行き、内部において抗争が消滅すればするほど他者の他者性（捉まえ難さ）

は増大して、完全な抹消か完全な拝跪のどちらかを図るほかない「まったき他者」を現出させずにはいない。ネオコン的な〈無限の正義〉かレヴィナス的な底なしの〈応答責任〉か。いずれにしても、相対主義（コンセンサスを得られる範囲として「文化」を想定する）と普遍主義は倫理主義という点で同じであり、相対的な差異しかもたないだろう。これに対し「政治的共同体」は抗争が表現 Darstellung 可能であり、その Darstellung そのものが政治にかんしては唯一の実体的共同性であると主張する。

④ 倫理的共同体は政治と同時に Darstellung を、つまりは演劇を、またつまりはミメーシス（模倣）を排除する。プラトンによる共和国からの芸術家の追放は、そこからの政治の追放とまさに一つの同じことを構成している。舞台の上で何かを演じる、表現するとは、靴屋は靴屋であり農夫は農夫であるという労働規範、誰も共同のことがらに参与する時間などないはずであり、同時に一つのことだけを行うのが共同性を深く認識している証だとする倫理への、実践的論駁にほかならない。舞台の上では、ある人物が別の人物に演技表現を通じて「なっている」のだから、政治が Darstellung であり演劇的である一方、演劇もまた政治的であり、演劇の本性をなすミメーシスはまた、詩や絵画や音楽など一切の芸術＝「模倣的なもの」を倫理的共同体から追放するよう哲学者に求めるだろう。劇場と集会場（民主的に共同のことがらが決定される場）は、人が役割共同体の指定するアイデンティティを失う場所として、倫理的に一掃されねばならない。

3　第一美学要綱──（1）感覚的なものの分割

この最後の論点が、ランシエールにおける最も大きな問題設定に一つの名前を与えるだろう。彼の哲学を一つの独自の哲学として確定させるその問題は、「感覚的なものの分割」と呼ばれる。倫理と政治は結局のところ何をめぐって争うのか、「語ることができない」存在を作り出す原‐政治と語る存在の根源的民主主義は何にかんする差異なのか、舞台の上で二つの相容れない論理が抗争的に遂行している作業は何と名指されるべきであるのか。その答えが「感覚的なものの分割」だ。倫理とは「政治と芸術をひたすら共同体の倫理的導きのために同時に排除するような〈感覚的なものの分割〉[15]」にほかならず、政治と芸術は「感覚的なものの規範的座標軸を宙吊りにする」ような感覚的なものの分割[16]なのである。何が見えるか、何を語りうるか、誰の言葉が「まともな」言語であって誰のそれが動物の呻き声に等しいかをめぐる、境界の画定と壊乱と移動のドラマ―Darstellungが感覚的なものの分割にほかならない。そこにおいては「いわゆる政治と芸術は二つの恒常的で分離された実体をなすことはない。その二つを関係させるべきかどうかなど問題にならないのだ。それらはどちらも、一つの同一化体制によりかかった〈感覚的なものの分割〉の二つの形式である[17]」。

何が芸術作品であってそうでないか、何が政治的行為であってそうでないかを同時に指定する一つの体制に、芸術と政治は同時に服属させられ、抗うときは同時に抗う。歴史的にはプラトニズムが、この同時性を決定づけた。

政治の根底には、ベンヤミンの言う「大衆化時代に特有の政治の美学化」とは何の関係もない一つの〈美学〉があります。アナロジックには、それをカント的な意味に理解してもいいでしょう。ことによればフーコーが取り上げ直したようなカント的意味と言っていいかもしれない。何が感じられるものとして与えられるかをアプリオリに決定する体系という意味です。それは時間と感覚の区切りであり、見えるものと見えないもの、言葉とノイズの区分であり、経験の形式としての政治の場および賭金を同時に与えます。政治がかかわるのは、何が見えて何を語ることができるか、誰がそれを見る権限をもち、それを言う質をもつのか、といったことがらであり、諸空間の特性、時間の様々な可能性なのです。この第一美学から出発して、いわ

(15) Jacques Rancière, *Malaise dans l'esthétique*, Galilée, 2004, p.47.
(16) *ibid.*, p.39.
(17) *ibid.*, pp.39-40.

ゆる「芸術実践」をめぐる問いは立てることができるようになります。(『感覚的なものの分割[18]』、一三―一四頁)

ここにいたってはじめて、これまで政治観にかんしては基本的に同じ陣営を形成するかに見えていたランシエールとバディウの間にも、大きな亀裂が露になる。実際、対倫理主義、対ドゥルーズ－ネグリ的政治という土俵の上では、二人の立場にほとんど差異はない。バディウの『倫理[19]』はランシエールの論文、「美学と政治の倫理的転回[20]」と同じように、他者との関係における、あるいは他者との関係としての倫理を、それがいかに他者の「尊重」を主張していようともニヒリズムの今日的形態として退けようとする。つまり、「ここ」で闘う者たちとしてではなく、手を差し伸べるべき「よそ」にいる人間として「他者」を定置すること自体が、波風の立たない均質な「ここ」、闘いの無が支配する「ここ」を際限なく拡張しようというニヒリズムであるとして。倫理は〈無限の正義〉に対抗できないどころか共犯関係にある、として。さらにランシエールは彼自身のドゥルーズ論における結語的ドゥルーズ評価を、バディウを引くことにより下している。「マルチチュードの呪文をいくら唱えても、そこからいかなる政治的正義へも移行することはない[21]」。しかしバディウは芸術にかんしては、彼の特異なプラトニズムの立場からあくまでも反美学の姿勢を取っている[22]。彼にとっては個々の芸術作品は、感覚世界におけるイデアの「出来事」(イデアの「通過」passage と言われる)にほかならず、決して美学という思考のうちには捉まえられない。美学は感覚的なものとイデア的なものを思考の名において「混同」するものでしかなく、作品という出来事はそれをつねにすり抜ける。作品は二つの世界の「差異」として現出し、それゆえ感覚的なものそれ自体の非感覚性として「ある」のに、美学はそれを何が美しいかを判定する思弁のなかに封じ込めてしまうというわけだ。この美学批判は言うまでもなく、出来事は永遠に思考への回収を拒み、ただそれに忠実であることだけを人に求める——ある科学革命の後には、次の革命が生起するまでその新しい科学のもとで考えることしかできない——という彼の出来事観に由来するだろう。しかしバディウが「混同」として非難する美学は、ランシエールにとってはまさにそこで芸術的なものと政治的なもの、感覚的なものと支配をめぐる思考が分かちがたく結び目を形成する場所、〈感覚的なものの分割〉が生起し、変容する様を観察すべきところであって、彼の目にはバディウは単にモダニストとして、「芸術のための芸術」を「作品のための作品」と言い換えて擁護しているとしか映らない。

---

(18) Jacques Rancière, *Le partage du sensible - Esthétique et politique*, Fabrique, 2000.

(19) アラン・バディウ、『倫理』、長原豊、松本潤一郎訳、河出書房新社。

(20) Jacques Rancière, «Le tournant éthique de l'esthétique et de la politique» in *Malaise dans l'esthétique*, op.cit.

(21) Jacques Rancière, « Deleuze, Bartleby et la formule littéraire» in *La chair des mots*, 1998, Galilée, p. 202.

(22) Alain Badiou, *Petit manuel d'inesthétique*, Le Seuil, 1998. ランシエールのバディウ評価については次を参照。«L'inesthétique d'Alain Badiou : les torsions du modernisme» in *Malaise dans l'esthétique*.

〈感覚的なものの分割〉という問題設定がランシエールにおいて決定的であればあるほど、亀裂は大きいはずである。「第一美学」が決める結び目のタイプこそが、ある作品を芸術作品として同定させ、同時にその裏側で、誰がどのように語ることが政治的であるのかまで規定しているのに、それを解けと主張することは、問題そのものを反故にせよと求めるに等しい。芸術作品の還元不可能な出来事性とは、芸術はとりあえず今ここで非政治的であるという仕方で——すなわち将来の生を先取りするという政治性を与えて——芸術と政治を結び付けているモダンな体制内部において可能な位置づけでしかない。

〈感覚的なものの分割〉は、バディウからランシエールをはっきり分かつ一方、すでに十分明確であるはずだったランシエールとドゥルーズの分岐を再び曖昧にするように見える。作品と美学的言説を対立させるバディウの考え方は、彼の出来事観がそうであるように、ある意味で平凡なものだ。どのような特定の思惟にも内化されずに、新しい思惟の発端を印しづけるもの、思惟の連続性に切断をもち込むもの、つまりそれ自体は思考不可能でありつつ思考の真理性をカントとは正反対の仕方で保証しているもの……かつて構造主義全盛の時代にパラダイム・チェンジと呼び習わされた現象と、バディウの「出来事」は決して遠くない。構造主義的な問題設定の一切から遠ざかろうとするランシエールが、そうしたバディウと同じ船に長く乗っていられるわけはないだろう。ところが、〈第一美学〉によりその距離を確保しようとしたとたん、彼が美学革命と呼ぶところのもののすぐれた例証をなすかのように論じられるドゥルーズとの差異は、彼自身の問題として浮かび上がって来ずにはいない。美学革命はまさに、プラトンとアリストテレスが政治から切り離そうとした（切り離すことで政治の種別性を守ろうとした）芸術を、自覚的に政治と再結合させる試みであるからだ。いったい、第一美学と美学革命はどのように区別されるのか。

おおむねロマン主義と重なる、あるいはロマン主義をめぐる一解釈と言ってもいい美学革命のランシエール的把握を理解するうえでは、二人の人物をインデックスとするのが近道であるだろう。フローベールとシラーである。前者はランシエールがドゥルーズをそっくりその圏内に置こうとする人物であり、後者は、ことがらの論理的順序において後に位置づける（つまり実際の歴史的継起の順序とは逆にする）ことにより、美学革命の意味を鮮明にしてくれる。

文体とはフローベールによれば、ものごとを見る絶対的なやり方である。語は作家がそれを用いるときに意味をもつのであり、絶対的とは切り離されているということである。文体とは切り離されてばらばらになった自然を提示する力なのである。何から切り離されるのか。現象を提示する形式、現象を相互に結びつける形式、表象の世界を定義するそうした形式からである。文学が固有の力を主張するようになるためには、ミメーシスをめぐる規範やヒエラルキーを捨てるだけではだめなのであって、表象の形而上学とそれを基礎づける「自然」自体を捨てねばならない。人物と人物間の関係を提示する様式、因果関係や推論の様式、つまりは「意味がある」ということの表象的あり方全体が捨てられねばならない。

（……）

文学に固有の力は、古い個体性のあり方が解体され、分子の永遠のダンスが一瞬一瞬かつてない形象と強度を構成する未決定地帯に由来する。表象の古い力は、形のない外部の物質に命を吹き込む組織的精神の能力にもとづいていた。文学の新しい力は、反対に、精神が組織性を失うところ、精神の世界が崩壊するところ、思考が分子へと砕け、それら分子が物質の分子と一体性を経験するようになるところで成立するのだ。（「ドゥルーズ、バートルビー、そして文学の決まり文句」）(23)

まさにドゥルーズ的なフローベールであるだろう。『ボヴァリー夫人』と『感情教育』が世に表れたとき、それらはすぐさま文学における民主主義を告げる著作と受け取られた。作家自身の高踏的態度や政治的保守主義にもかかわらずである。文学にいかなるメッセージ性を与えることも拒み、人を導くなどということは一切考えずに描写する、これこそ平等と民主主義に適った文学のあり方ではないか？　誰もが平等に考える能力を有し、各自に由来する意志が共同性のあり方を決定するのなら、読者を教え導くことなど必要ないだろう。淡々とした描写の示す無関心、人物と事物の間の小説的無差異こそ、主体の平等、物語的必然性（来歴による決定）の終焉を表現するに相応しいのでは？

一切が小説の要素（小説内の語）に還元された事物と人物の「この平等性が表象のすべてのヒエ

ラルキーを崩壊させ、読者の共同体を正統性などなくてもかまわない共同体として、文字の偶然的流通によってのみ象られる共同体として作り出す」[24]。文体の絶対性は、共同性の原理を「一般意志」に、つまり自らの内にしか認めない共同体＝共和国の政治的内在性に等価だ。芸術と政治の一致でもあれば分離でもあるこうした関係を、フローベールはみごとに表現Darstellungしているだろう。しかし、とドイツのロマン主義者たちは問うたはずである。すくなくとも政治にかんしては、フランス革命がそうした民主主義の不可能なることを証明してしまったのではないか。絶対的な、つまり過去からの遺産である現在のすべてと切断された純粋な共和政を今・ここに出現させようとすれば、恐怖政治と無政府状態に陥るほかないではないか。フローベールは正しい。しかし分子状態の平等、分子たちの民主主義は小説のなかにそのスナップショットが写し取られる以外、体制（レジーム）としては実時間のなかに存続性をもつことができないではないか。モル的で表象－代理的な旧体制（アンシャン・レジーム）を分子的で表象も代理もされない状態に解体して、二度と後戻りができないようにするには何が欠けているのか？　シラーの与えた回答が『人間の美的教育』だった。

人間を美的に教育するという観念こそ、支配と隷属は存在論的な配分（思惟は能動的で感覚

(23) *La chair des mots*, pp.182-183.
(24) *Le partage du sensible*, p.17.

的素材は受動的であるとする配分）にはじまるという考えを定着させ、思惟の能動性と感覚の受動性が一つの実体になって新しい存在領域を構成する中性状態、二重の無化が起きる状態を定義した。自由な仮象と戯れというその存在領域こそ、シラーによれば、フランス革命により直接の物質化が不可能だと証明された平等を思考可能にしてくれる。（『感覚的なものの分割』、三七頁）

要するに「教養」である。理想的共同体、人間と事物の分子状態を芸術において先取りし、それにより読者を十分に感化しておいて将来の政治革命に備える、という戦略である。政治革命に美的革命を先行させせよ。二つの革命の間の時間が我々の現在を規定するであろう。ランシエールはこの現在を「芸術の美学体制」と名づける。これはしかし、人々を宗教的に回心させたり啓蒙したりする文学の古いあり方に戻ることを意味していないか。一方では端的に違う。なぜなら、新しい文学あるいはようやく文学として自立した文学は、それ自体としてはいかなるメッセージもたず、何をどのようにすべきかについては何も語らないからである。『ボヴァリー夫人』は汝不倫するなかれという説教ではない。けれども他方では、やはり表象の体制に特殊な仕方ではあれ戻ることには違いない。メッセージと物語の不在は、来るべき民主主義、新しい人間関係のあり方の「寓話」だからである。ランシエールの目にはドゥルーズの数々の文学論、とりわけメルヴィル論はそのようなものとして映っている。ソビエト革命ではないアメリカ革命、父親から息子に受け継がれる系統の断絶や転倒としてのヨーロッパ型革命ではなく、兄弟姉妹が近親相姦的な倒錯した共同性を打ち立てる新大陸に特有の革命。メルヴィルの文学はドゥルーズにあってその寓話的表象にほかならない。実際、ネグリとハートが『帝国』において、将来の革命像の基本的アイデアをドゥルーズの「バートルビーあるいは決まり文句」から借用したことは疑いない。ランシエールは問い質す。カフカやプルーストのドゥルーズによる分析も、結局のところ人物像に最終的な焦点を当てるアリストテレス・タイプの分析で、小説からまさに物語的寓話性を摘出しようとしていないか。寓話により読者を導こう、と。ドゥルーズが特に注目する「自由間接話法」(これは確かに人物像の問題ではないにしても、それは彼自身の言によれば、「人物が作り話をはじめ、いわば自分で自分に〈キャプションをつける現行犯〉になり、それにより自分の『人民』を捏造することに寄与する」という「実在人物の生成」を示している![25] 語る主体と語られる対象の区別がつかなくなっていく自由間接話法の効果により、小説家と読者まで見分けがつかなくなって、一つの新しい「人民」を形成すべし。

(25) Gilles Deleuze, *L'image-temps*, Minuit, p.196. ランシエールはこの箇所について前記のドゥルーズ論において詳細に考察している。«Deleuze, Bartleby et la formule littéraire», pp.194-196.

4　第一美学要綱――（2）美学革命と音楽

誰も誰をも導かないところへの導き。反訓育の訓育。この矛盾が「芸術の美学体制」そのものである。そこでは芸術はまさに自立した芸術であって、同時に非芸術的な生であり、両者の無関係という関係の実体化＝作品化である。作品は言い換えるなら、人間の生そのものに変容しようとする力と生の現実に抗って独立しようとする力の矛盾、「構成的緊張関係」にほかならない。外に出て行こうとし、内へ向かう「無理」に。美学革命はしかし、この矛盾を解けないとして放置する、あるいは耐え忍ぼうとするのではない。矛盾が一つの中性状態、「未決定地帯」、「弁別不能地帯」――能動と受動の、思惟と感覚の、モル的と分子的の、表象-代理体制と直接民主主義の、等々の間の――を実定的に構成すると考えるのだ。音楽である。

イザベルという人物は「理解不能のうめき声により言語を変質させる。彼女のうめきは言語全体を彼女のギターが奏でる和音と音色にしてしまう通奏低音のようなものだ」。ドゥルーズは実際、文学を音楽の概念のもとに包摂している。個別の芸術としての音楽ではなく、芸術を哲学的に把握する概念、芸術のイデアとしての音楽である。ショーペンハウアーにあっては、真なる世界の音楽を直接的に表現するとされる音楽だ。無意味かつ無差異で、表象の図式からこぼれ落ちる世界の音楽を表現する音楽。（「ドゥルーズ、バートルビー、そして文学の決まり文句[26]」）

第一美学にとって、これは構成的緊張関係を放棄するに等しい。抗争を現実化しうる、あるいはさせるべき場所である〈舞台〉が〈芸術〉としてようやく成立したのに、対立抗争自体が解消される美しい「和音と音色」を、その〈真理〉として招き入れるからである。これこそスピヴァクが非難した Darstellung の隠蔽作用であるだろう。ただしあらかじめ表象不能とされた芸術（音楽は何しろ、そこではどんな区別も不分明になる地帯と定義されている）による隠蔽であるものの。音楽は芸術の美学体制のなかで、表現すべきテーマをもつ標題音楽や儀式の伴奏の地位から、それ自体で美しい絶対音楽へと昇進させられた。アドルノが一九世紀サロンにおける室内楽の出現にその決定的契機を見た音楽の自立である[27]。そのことは、確かに芸術そのものが非表象的、つまり何かを物語るのではない思考かつ行為として成立するメルクマールをなすだろう。しかしそのことと、世界を意志と表象の世界（ショーペンハウアー）として組み立てなおし、意志のほうに表象的矛盾の

（26）*La chair des mots*, p.189.
（27）アドルノ、『音楽社会学序説』（渡辺健、高辻知義訳、音楽之友社）、「Ⅳ室内楽」を参照。

一切、表象と意志の矛盾までも無化して吸収する「地帯」たる権能を与え、なおかつそれを音楽と等置することは違う。諸分子のようにあるいは諸分子として平等な諸芸術、音楽もその一つであるような体制のもとでの諸芸術と、分子間の関係を音楽であるとみなすことは違う。芸術の美学体制の実相からすれば、分子間の関係はフローベール的「文学」でも印象派的「絵画」（点描はまさに分子的だ）でもよいはずである——なにしろすべての芸術がそれ自体で分子的であるのだから——のに、何ゆえそれを音楽として総括しなければならないのか。美学革命は芸術の美学体制成立に対する一種の反動として捉えることができるだろう。第一美学の立場からすれば、である。

それでもしかし、やはり音楽でなければならない必然性は歴史的に存在した。旧体制の第一美学としてのアリストテレス詩学は音楽を諸芸術の最下位に位置づけていたし、プラトンの原‐政治は共和国から追放すべき詩人たちよりもさらに劣位に音楽家を置いていた。革命は転倒の姿をまとうほかなく、またまとうべきものであり（révolution は renversement を含意する）、美学の時代に音の芸術に特権を与えること、美学革命をそのような権利付与として遂行することは歴史的必当然でしかない。実際、芸術の美学体制の成立と音楽の芸術的自立は同時だ。旧体制下で諸芸術をそれぞれ司っていた美神たち muses——その最高位に詩の女神が君臨していた——は、ザ・音楽 la musique に化身する運命にあったのだ。かくしてランシエールは彼の音楽論に「美神の変身」というタイトルを与える。(28) その目指すところはすでに明らかであるだろう。すなわち、いかに必然とはいえ反動であることも確かな美学革命に抗いつつ、音楽における構成的緊張関係を再発見する。あくまでも芸術の美学体制のもとにある一つの芸術として音楽を描く＝Darstellungする。実際、その論文に描かれた現代音楽は、音符の純粋に記号的・数量的な連なりであるどころか、一つの演出mise en scène（＝舞台にかけること）の姿をしている。「何も情景を提示しない言葉と何も語らない音楽の矛盾的統一」。絵画的な情景を読者に思い描かせることなく、語そのものがダンスを踊るマラルメの詩の言葉や、一切の個別の詩を越えたところで構想されるシュレーゲルの「詩の詩」と、無意味であることに形而上学性を見出されたショーペンハウアーの音楽、あらゆる具体的音楽‐音響の全体からなる音楽を、現代のシリアス・ミュージックは同じ舞台の上に乗せ、両者の緊張状態を演出しているとされるのだ。

過去の様々な音楽と音響が奏でる巨大な詩が、盤を引っかく針とノイズを生成するアンプと、さらには音を作るシンセサイザー、音を発明するコンピューターとが奏でる詩に出会うところで、二つの矛盾した力の融合が行われる。「音の大洋」という不分明で何も語らぬショーペンハ

（28）«La métamorphose des muses», *Sonic Process - Une nouvelle géographie des sons*, Centre Pompidou, 2002. これは二〇〇二年一〇月から二〇〇三年一月までポンピドー・センターにおいて開催された同センター初の〈音楽展覧会〉（コンサートでも音楽をめぐる資料展でもなく、音楽そのものを展示する試み）のカタログに寄せられた論文であり、展覧会のオープニング講演として口頭発表された。

ウアー的な根底の力――すべてのイメージはそこからスペクトルとして出来し、やがてまたそのなかへ消えていく――と、シュレーゲル的な「詩の詩」の力――無限の変身、コラージュ、作り直しをもたらす力であって、それらはイメージのスーパーマーケットから作られていて、最終的にはこのスーパーマーケットの生そのものに一致する――である。(「美神の変身」、三四頁)

越境的でポストモダンな音楽風景？　然り。ただし一つの留保のもとにおいてである。ポストモダンは一九世紀にはじまる芸術の美学体制からは一歩も出ていないし、そもそもこの体制がすでに十分にポストモダン的だった。ドゥルーズがフローベールとショーペンハウアーの正統な後継者だというのだから。芸術の美学体制はすでに、芸術の芸術への閉じ篭りを不可能だと規定していたのだから。というか、芸術の自立はこの体制のもと、その裏面に生への芸術の解消や吸収をともなうことなく確保されたことは一度もなかったのである。問題は、矛盾した力の融合は美学革命の信奉者にとっては矛盾の解決であるものの、第一美学の創案者にとってはその激化であり、矛盾が「構成的になる」ことでしかない、という点だ。音楽的な未決定地帯へと物化された融合を考えるか、それとも、演劇的な緊張関係の現出として融合をとらえるか。いずれもが融合であるなら、両者の差異そのものはどこまで演出可能なのかという疑問を残しつつ。もちろん、この疑問は演出により差異を露呈させるという実践的課題と一つであるけれども。

いずれにしても、政治の根底に倫理ではなく一つの美学を発見する立場からは、音楽が最大かつ最終的な争点をなすはずである。本書が「〈新音楽〉の哲学」ならぬ「新〈音楽の哲学〉」と名づけられる所以である。たとえランシエールが狭義の音楽論としては「美神の変身」ただ一つしか書いていないとしても、彼の哲学は音楽を最大の賭金あるいは全体の結び目としている。

ランシエールによるドゥルーズ批判はつまるところ、スピヴァクがドゥルーズとフーコーに対しあなた方はそれをやっていないと非難したことを、やっているという批判である。表象不可能な分子状態を、来るべき人間として小説のなかに組入れられた人物に代理させているではないか、という批判である。もちろんランシエールは、徹底的な反スピヴァク主義者かつ首尾一貫したドゥルーズ主義者になって分子革命を遂行しようというのではない。彼にとっては小説モデルの革命はありえない。けれども彼のドゥルーズ批判は、言ってみればドゥルーズをそうした革命の不可能性の例証として扱うものであり、それはさらに言い換えれば、ドゥルーズはランシエールが求め、一八四八年革命の労働者文学に現に発見した「演出」を実践していると承認するに等しい。寓話的登場人物たちの「演出」によってである。ドゥルーズが分子革命を「表象」しているという批判は、少なくとも、演劇モデルによる小説モデルの再解釈ないし回収が可能だと事実上述べていることになる。これはしかしモデルの欠陥を表示することがらではなく、どんな哲学モデルも、もしそれが一貫しているのであればいつか遭遇する事態にすぎず、むしろモデルの耐久性こそを証言しているだろう。実際、ドゥルーズはデカルトやヘーゲルでさえ自身の内在性哲学のなかに「位置をもつ」ことを許した。哲学モデルの排他性ないし選言性は、その「他」あるいは「別項」がないところではじめて成立するのであって、この「承認」は演劇モデルにとり必要なものと言うべきだろう。ましてこのモデルは、相容れない論理の差異は舞台の上への「同じ」論理の出現として演出されねばならないと主張するのであるから。問題はしたがって、その演出の種類、中身だ。構成的緊張関係に踏みとどまるためには、美学革命を外すだけ、芸術の美学体制に忠実であるだけでよいのか。ショーペンハウアー主義を採用しないため、むしろ芸術の美学体制を肯定するべきであるのか。しかし芸術の美学体制は〈感覚的なものの分割〉にかんしては一つの体制にすぎず、そこでの芸術と政治の分節――分離である結合――は決してそれ自体では緊張関係を意味するものではないだろう。実際、「言葉と音楽の矛盾的統一」としての音楽は、今日なんら構成的な緊張を示していないと言うこともできる。ワーグナー亜流のロック・ショーは通俗的でしかなく、趣味生活を通しての緊張緩和（ストレス発散だ）には役に立つだろうが、それは「演出」がニヒリズムに奉仕することもあると実証しているわけである。音楽が争点をなすとすれば、音楽そのものにおいて何が起こっているか、起きてきたかを、まさに『プロレタリアの夜』が労働者文学について行ったのと同じように問わねばならない。これは「美神の変身」が手をつけていない作業である。音楽こそが〈第一美学〉最大の争点であるとランシエールの筆の下で次第に明らかになってくるにもかかわらずである。

5 第一美学要綱――（3）「有機的知識人」の不在

このとき〈第一美学〉は、音楽家とは一種の「有機的知識人」であると明言するポール・ギルロイには何と言って応えるだろうか。ランシエールは「党」が有機的知識人であるとするイタリア共産党的グラムシ解釈には反対したが、夜に詩作と思索に耽る労働者たちがこの知識人だと述べているわけではなく、『無知な先生』ははっきりと、労働者アイデンティティの形成にはいかなる媒介的知識人（小学校の教師でさえ）も必要ないという立場を取る。[29] 子供が主体になるには誰も何も教える必要はない、これが同書の主人公、ジョゼフ・ジャコトの「教え」である。考える能力の平等は「公理」として立てられ、主体形成過程における媒介者は存在せず、誰が有機的知識人であるのかという問題はランシエールには存在していない。ギルロイはこう述べている。

（黒人ミュージシャンたちが）果たしてきた役割は、立法者や解釈者が実行してきたことの枠

（29）本書第四章において詳述。

には収まらないのであって、彼らは判明かつ抗争的な文化的感性を一時的に保護する者として活躍してきた。そして、そこで保護された感性は政治的かつ哲学的なリソースとしても作用してきたのである。かつて禁止されたドラムの抑圧しがたいリズムが、彼らの作品にはいまだにしばしば聴き取れる。そこに特徴的なシンコペーションは、自由になりたい、自分自身でありたいという基本的な欲望をいまだに活性化 animate し、そうした欲望が身体と音楽のユニークな結合のなかに露呈される。（……）音楽は、実践理性のあいまいな正統性から奴隷が追放されたことや、近代の政治社会から彼らが完全に排除されていたことへの代償とされるちっぽけな才能であったわけだが、（黒人ミュージシャンたちの手により）洗練され、発展させられ、言葉——語られた言葉であれ書かれた言葉であれ——の小さな力を越える強力なコミュニケーション様式を提供するようになる。（『ブラック・アトランティック』[30]、一五〇頁）

一見したところ、カウツキー主義に反対して被支配者たちに内在する主体化の契機を探し、プラトン主義に反対してその主体化にあっては思考と感覚が区別できないと主張するのであれば、音楽〈文化〉を通じた政治的主体化は可能であって、音楽家とはその過程に参与する知識人である、と認めることに何の不都合もないように思える。実際、音楽社会学なるものは、非アドルノ的なそれを志向する場合にはグラムシ的なモチベーションと極めて相性がいい。けれども、ランシエールが歴史学批判、より正確にはアナール学派出現以降に「新しい歴史学」と自己規定して流行した歴史社会学の批判を通して強調してきたのは、まさにそうした〈文化〉史観がまったく政治的ではないという点、彼が定義する政治的主体化はそこではまったく起こっていないという点だ。[31]〈文化的〉に決定されるアイデンティティは、政治的な「間違い」の上演 Darstellung が起こっている箇所で、抗争する論理を二つのどちらも「正しい」規定に置き換えてしまう。異端的な「語り」により舞台に上がってきた者たちのセリフ――「分け前をもたない我々こそ共同体を真に代表する」――を、異教的「語り」――「我々は違う共同体に属している」――に翻訳し、最初のセリフを発する者たち自身に受容させる装置が〈文化〉なのである。[32] つまり、「他者」の語りにする装置である。またつまり、政治を倫理に翻案する装置である。いわゆる本質主義とテキスト‐文脈‐関係主義が際限もなく入れ替わる倫理的閉域が、異文化なるカテゴリーとともに形成される。それを音楽にかんして阻むには、〈第一美学〉が主体と主体化を文化なるものから切り離した（「文化」culture とはまさに「教養」教育であって、シラー的な美学革命、「人間の美的教育」路線に連なる）のと同じように、音楽を文化から切り離して「美学化」しなければならないだろう。ミュージシャンを有機的

（30）ポール・ギルロイ、『ブラック・アトランティック』、上野俊哉、毛利嘉孝、鈴木慎一郎訳、月曜社。訳文は変更している。
（31）Jacques Rancière, *Les noms de l'histoire*, 1992. Le Seuil.
（32）同書の特に一三七〜一四〇頁および最終章「異端の歴史」を参照。

知識人とみなせば、音楽は「他者の言葉」になる――「言葉の小さな力を越えるコミュニケーション様式」とギルロイも言う――か、それとも、共同体の美学革命の道具になるほかないのだ。おまけにこの二つはすでにショーペンハウアーにより統一されている。彼によれば、音楽はカント的な「物自体」の「言葉」なのであり（リオタール風に言えば物自体は「まったき他者」の他者性にほかならない）、実際の音楽に耳に傾けることにより、個々の情感が情感のイデアへと導かれて人は「教育」されるのだった。音楽にもう一つの言葉を発見することと、音楽を〈文化〉とみなすことは、一つの同じロマン主義的な起源を共有している。そして音楽が「他者の文化の言葉」となるときには、政治が倫理に置き換えられる。感覚的なものが、分割されて政治的になる代わりに此処と他所に分配されて、コンセンサスの管轄に入るのだ。黒人の感性、白人の感性、あなたのセンス、わたしのセンス……

それよりは、黒人音楽でさえ芸術の美学体制という相のもとに、つまり望むべくは美学革命を招来する一歩手前の構成的緊張関係のなかで、眺められるべきだろう。ギルロイも強調するこの音楽の近代性が確かなものであるかぎりは。そのように、〈第一美学〉は判断するはずである。民族音楽なるものは存在しない――存在するとすればすべての音楽が民族音楽である――とみなすに等しいこの立場は、有機的ならぬ司祭的知識人の観点から普遍主義的に、つまりヨーロッパ中心主義的に音楽の進化を語ってしまうのだろうか。音楽を意味を欠いた音の配列、思考とは無縁の感性練磨の過程とみなせば、確かにそうだ。そうならないためには、考えずに感覚的に手を動かすだけだとされた一九世紀の労働者たちにまさに思考を発見するのと同じように、音の組織化の只中に言語が見出され、両者の緊張関係から生み出される音楽が聞き（「聴き」ではなく）取られねばならないだろう。その言語が他者の、物自体の、あるいは身体の特殊な言葉にならないためにはさらに、〈普遍主義的〉に、反文化主義的に、音楽＝言語に接近するやり方が必要になるだろう。「我々は人民である」と同じように「音楽は言葉である」を解し、それを貫くやり方が。つまり「音楽は言葉である」を同時にショーペンハウアーの「哲学」からも解放してやるやり方である。

シンコペーションが「自由と自律の欲望を賦活 animate する」と述べるのは、転倒されたアドルノ主義以外の何ものでもない。ブルースのなかにスタイルとして埋め込まれ、定型化され、さらに文法化されさえしてジャズやロックに受け継がれたこの音楽的時間性について、アドルノはストラヴィンスキーに先行する西洋現代音楽史を参照しつつ、どこにも目新しいところはないと断定した(33)。それはただ、音楽技法を拡張したいという芸術内在的な欲求から生まれたにすぎない、と。

(33) テオドール・アドルノ、「時間のない流行」（渡辺祐邦、三原弟平訳『プリズメン』、筑摩書房、所収）にはたとえば次のようにある。「ジャズのうちで多少目立つリズムは、すべてブラームス以降のシリアスな音楽がずっと以前に自分から造り出しており、しかも、いつまでもそこに止まらなかった」（一八〇頁）。しかし同様の指摘は『音楽社会学』の「Ⅱ軽音楽」、『不協和音』（三光長治、高辻知義訳、平凡社ライブラリー）所収「音楽における物神的性格と聴取の退化」などにも見られる。彼の大衆音楽論としては他に『アドルノ音楽・メディア論集』（渡辺裕編、平凡社）も参照。

彼がギルロイを読めば、きっと、奴隷解放とは何の関係もないと付け加えたことだろう。しかし彼は、それが「大衆の欲望」と結び付いた事実は周知していて、この関係を音楽内在的に解くことはできないから「社会学」の介入が必要だと論を進め、「疎外」によってその関係を説明したのだった。いわく、大衆の不自由な現実が逆立ちして、アクセントを表裏逆にするシンコペーションに「自由」を発見させるが、定型リズムと化したシンコペーションは不自由そのものにほかならない。「賦活」はこの「疎外」と別のことを語っているか？　なるほど結果の評価は正反対である（自由か不自由か）ものの、どちらも同じ一つの「自由な」時間性が「自由」の理念を人間のなかに吹き込みanimate―外化alienateする。アドルノが幻だとして退ける「自由」をギルロイは現実だと肯定する。幻の現実的効果は幻か現実か――イデオロギーは真か偽か、と同じである。ヘーゲル論理学にあっては賦活の真理が疎外であり、疎外は転倒をともない、なおかつ再転倒される運命にある。ギルロイはおそらく自覚的に、この論理を彼の「戦略的」本質主義に利用しているだけだ。いずれにしてもそこにあるのは、自由から自由への、同じものから同じものへの（アドルノの場合には不自由から不自由へのである）一義的翻訳であり、シンコペーションは一つの時間性として同定されている。であるがゆえに、黒人文化という異文化のアイデンティティ形成に寄与するか、それとも、大衆社会を倒錯的に物象化することができるのであり、どちらにしても一義的なこの翻訳システムを通じて、音楽は「言葉」と同義になる。シンコペーションは何かを「表示」する。しかし、「夜の労働者」は同じことをしていない。

労働者の解放という白日夢はまず、社会秩序を構造化している時間秩序の破断であり、考える存在という彼らには否定された特質を権利として主張することである。(『プロレタリアの夜』、裏表紙の自著紹介文)

〈感覚的なものの「再」分割〉は「時間秩序の破断」として遂行される。「夜の思考」は、「昼は働いて夜は眠る」という分割、すなわち二つのことを同時に為すことはできず労働者には「考える時間がない」とする時間秩序を破断させ、そこに別の時間性をすべり込ませる。「考える存在」の権利は、眠らずに考える時間の確保からはじまるのだ。つまりは「夜」を二重の時間にすることから。睡魔との闘いは時間の二重性を文字通りの抗争とするだろう。シンコペーションもまた、一つの自由な時間性か同じく一つの定型化された不自由な時間性かである前に、二つの時間を抗争的に共存させる「演出」だったのではないか? 拍の移動は周期性の始点を複数化し、異質な時間の共存として音空間を実現する。それが構成的な緊張関係であることは「ロックンロール」という概念自体が示している。ロックすなわち「揺さぶる」は、時間秩序に破断をもち込み、人を定常状態から離脱させることを指示するだろう。これに対し、「回転させる」ロールは、離脱した人を別の時間軌道に乗せることを意味するだろう。不動の石を揺り動かし、転がす。人を踊らせる。しかし現実には、周知のとおりロックンロールは「ダンス」に対するアンチであって、二人で、あるいは大勢で輪になって「きれいに」踊ることはロックンロールでは嗜好されず、踊りたい欲求が膨らみ、動作の定型化が一方で進んだときには、他方ではその反動で「ロール」が取れて「ロック」になった。体は揺さぶられても踊れない音楽になった。そしてキース・リチャーズはそんな「ハードロック」に向かって言う。「ロックはいいが、ロールはどうした」。ロックンロールは、人を揺さぶって別軌道に乗せても、その別軌道のなかにまた「揺さぶり」をもち込んで不安定化させ、結局は相反するベクトルを拮抗させるという音楽概念である。矛盾あるいは緊張から構成される音楽である。実際、それは黒人のものでも白人のものでもなく、最後には何人のものでもなくなった。この構成的緊張はしかし、シンコペーションをスタイルとして発明したブルースのころからすでになかったか？　我々はやがてそれも検証することになるだろう。[34]ミュージシャンはシンコペーションを「自由」の語では考えなかったろうが、ブルースを考え、ブルースをロックンロールにすることを考えた。彼らは音楽のなかで間違いなく「思考」していた。この歴史のなかで、多くのミュージシャンが「音楽は言葉である」に相当するようなことを確かに語ってきたろう。ブルースは魂の叫びだ、男と女の話だ、ロックはメッセージだ、等々。「シンコペーションは自由になりたいという欲望を賦活する」も同じ文脈に連なる言葉と受け取ることはできる。それでもしかし、彼らの他者としての知識人がそれを言うことと、彼ら自らが、既存の音楽言語は自分の音楽に場を与えていない、それを語るべき言葉をもっていないという意味を込めて「音楽は言葉である」と語るのではまったく違う。これは君たちが知っている音楽ではない、むしろ単に「言葉」と理解してくれたまえ。それはアドルノに向けられた言葉と受け取るべきだ。この音楽のどこに新しいところ、どこに音楽的種別性があるのだ?と問う者は、自分の音楽言語によっては（おそらく、その言語によって「鍛えられた」耳によってもだろうが）それが位置づけられない、聞き分けられないと白状しているのであり、その者に対し、彼らは「これは確かに音楽である」と権利主張しているのである。なぜ既存の音楽言語で把捉されないかと言えば、この音楽を構成する緊張関係が、音楽そのものを、把捉される前に他所へ移動させてしまうからである。ブルースからジャズへ、ロックンロールへ、……。これらの名前は明晰であるが判明ではない仮設混合舞台の名称でしかない。テキサス・ブルースとシカゴ・ブルースの差異ははっきり聴き取れるものの、概ね比喩的な記述によってしか語られえず、まして狭義の音楽言語でそれを特徴づけようとすれば見失われるほかないだろう。「あれでもありこれでもあり」というそもそも矛盾したもの、自己への差異としての自己であろうとしているのだから。「音楽は言葉である」はこの特異な自己否定の自己主張として、「我々は人民である」に重なる。

ランシエールはバディウにならって「政治はまれである」とし、権力関係（としての政治）の遍在を主張するフーコー的な六八年思想の一般化の仕方には反対する。しかし感覚的なものの再分割が演出される瞬間や場所に目を留めようとするかぎり、〈第一美学〉はあらゆるところに、その政

(34) 本書第三章—2「リフにはじまる」。

治化を阻む力学を発見せずにはいられないはずである。労働者の思考活動を知識人のそれの亜流とみなし（「同じこと」しか語られていない！）、音楽を〈文化〉にして倫理的に翻訳すべき他者の言語（ブルースは「外国語」だ！）にカッコ付きで格上げし、芸術を未来の生の範例となす力がいたるところに働いているから、政治はまれになるのである。共同体の共同性がいたるところで争われているから、その倫理性がつねに政治性を抑圧しよう、他者問題に置き換えようとするのである。ゆえに、政治の「まれ」さを理解するためには、いたるところにその「まれ」さを発見する努力が必要になるだろう。政治はいたるところ、あらゆる瞬間に「まれ」なのだ。「同じ」言明に抗争の痕跡を読み取ることにより、それは理解される。

　これは現実の歴史過程にあっては確かに「まれ」にしか生起しない反乱が、いかに「日常的」な主体化を通じて準備されるかを考える問題である。「すべては政治的である」と「政治はまれである」の間に挟まって見えなくなりがちな、「すべては政治的でありうる」から目を離さないという課題である。

　暴動は情況や出来事に対する反応である。飢え、当局の介入、ときには噂がその引き金になる。それを鎮圧する暴力は、権力を賭金とする計算された作戦である。これに対し、反乱の本質的要素は権利を主張する言葉であり、それはこの権利が否定されている住民の名において発せられる。飢餓暴動の対極に、リヨン絹職工たちの反乱はあるのだ。彼らの原理はこうであった。「働いて生きるか、それとも闘って死ぬか」。既存の法と権利に、反乱はより根本的な権利を対抗させている。生きる権利、人間の権利、自分の意のままに振舞う人々の権利だ。反乱はそうした権利を、いかなる法‐権利であってもそれに従わねば不正となるほかない規範とする。

（一九九二年、教育専門雑誌 *Le monde de l'éducation* に掲載された論文より）

音楽は古くから暴動に結びついてきた。太鼓が奴隷に禁止されたのは暴動を誘発するその効果を正確に見抜いていたからであり、二〇世紀のポピュラー音楽史は暴動を直接に呼びかける歌を数多くもっている。そこに音楽の政治性を見出すことは、しかし、ここでの課題とは何の関係もない。「反応」としての暴動は歌があってもなくても、生起するときには生起するほかなく、音楽はそこで確実に触媒的な機能を果たすことができるだろうが、それはどちらかといえば「社会学」的な分析にふさわしい主題であるだろう。ここでの歌はむしろ、日常生活のなかでただ歌われ、聴かれ、消費され、芸術として承認されたりされなかったりするありふれたあり方しかしていない。ここでは、音楽がそのようにあるという事態そのものに、〈感覚的なものの分割〉が日々遂行され、再分割の契機が生まれては潰されていく様子を見出そうとするだけだ。革命的な音楽、反乱である音楽など存在していない。音楽が存在していることそのものが、反革命的な〈感覚的なものの分割〉――歌う者は働かないし考えない――の効果であるからである。ありふれたまれなもの、まれなものになっているありふれたもの、それが反乱であり、〈アート〉としての音楽の存在はそれに蓋をしているからそれに境を接している。音楽は言ってみれば、反乱の権利と法が認める権利の二重性——反乱が依拠する「根本的な」権利がなければ法的権利は存在さえしないが、法的権利は反乱を承認することができない——の証人なのだ。ギルロイにならって音楽は「代償」であると言うこともできるが、それは理性が認められない代わりに与えられた才能というより、反乱を起こさないことと引き換えに承認された、感覚と思惟の「同じ」を上演する舞台である。だから音楽は、その外が他者の場所であるような、ではなく、その外が共同体そのものの再審としての反乱であるような、共同体の「縁」を形成する。有機的知識人のように見える象徴的機能をミュージシャンがマイノリティ共同体のなかで果たすことができた（「人気者」になって）のは、フーチー・クーチー・マン（女たらしのヤサグレ者）を自称する者たちが、非家庭人、非定住者としてほかならぬその共同体の「外」を志向し、より大きな「アメリカ」という共同性の只中に裸の個人（一人のミュージシャン）として入りながら二つの共同体を彼ら自身の上で争わせた、つまり彼ら自身が「縁」の抗争的舞台になったからである。彼らはどちらの共同体にも完全には属さないことで、二つの共同性に「分け前をもたない」者として両方の全体を代表する。彼らは共同性の「無」として、どちらの共同体も再審に付すのだ。そのような存在として「危険な階級」を構成するゆえに、共同体のほうは彼らには「ミュージシャン」でいてもらわないと困る。

まれなものの近くにいるマレビト？　共同性を基礎づける例外性？　こうした「人類学的な」一般化にもしかし注意しよう。ミュージシャンはそれこそありふれた存在だからであり、問題になっているのは抗争の演出、演出による抗争の表面化だからである。そしてなにより、共同性を基礎づける例外性とは、肝心のそのありふれた抗争を無化してしまう倫理的な理論装置だからである。

例外状態とは殺戮者と犠牲者を無差異にする状態である。ナチ国家の犯罪という極端なものと我々の日常生活が、例外状態によって無差異になる。すべての差異がある包括的情況の法のなかに解消してしまうのだ。このときその情況は政治的抗争にはどんな場も残しておかず、ありそうにもない存在論的な革命による救済を待つだけの存在論的運命となる。(「美学と政治の倫理的転回」)[35]

ロックンロール、イェー!――馬鹿馬鹿しい。それに熱狂することができれば、法さえも馬鹿馬鹿しいと思うことができる。たとえ一瞬でもこれは感覚的なものの再分割であり、すぐれて知的な出来事にほかならない。それぐらいのことは誰にでもできるから、つまり誰でも法が指定するのとは別の仕方、「違法行為」すれすれのところ、法の「縁」の舞台で主体になることができるから、共同体としてはせめてコンサートぐらいは「代償」として公認しておかなければならないだろう。

(35) *Malaise dans l'esthétique*, p.158.

街頭で「我々は人民である」などと叫ばれるよりは。それにしてもデモとライブは何と似ていることか。インテリに出る幕はないことも。「働いて生きるか」と「闘って死ぬか」の中間には「遊んで生きるか」があるのであり、眠らない夜を持続させようというかぎりにおいて、これは支配的生の時間秩序そのものを問題にする極めて知的な選択肢である。

第二章　ロックンロールの美学

1　芸術の美学体制における音楽
〜諸君、音楽を文化から守るために〈ロック〉したまえ

トレイラー・パークに捨てられた、猿の頭をもつ猫の死体みたいな音を出せ。原油まみれになりながら、なんとか生き延びようとしている蝙蝠みたいに弾け。ただし、その蝙蝠はやがて窒息死してしまう(1)。

これは立派な作曲法である。首尾一貫していて、名前もある。曰く、スルー・コンポジション。それによって作られた曲は完璧に再演可能だったし、誰の曲か一発で分かる個性ももっている。場面を音で描写する映画音楽を作ろうというのでも、フリー・インプロヴィゼーションの「お題」で

(1) マイク・バーンズ、『キャプテン・ビーフハート』、茂木健訳、河出書房新社、二八六頁。

もなく、あくまでも純粋な楽曲作成過程において音を一義的に確定するための〈方法〉である。音楽的に見てやや特異であったのは、その考案者にして演奏家（ヴォーカル――これも立派な楽団パーツだろう）だったドン・ヴァン・ブリートが楽器をほとんど演奏できず、いわゆる楽理にもとことん無知だった、ということだ。だから方法に則り演奏するよう要求されるバンドメンバーにとっては、確かに曲作りは難行苦行の連続だったが、それでも出すべき音に〈正解〉が存在していたことは、当の彼らが証言しているとおりである。ドンはその一人に言ったそうである。「俺がほしかったものを、おまえ、完璧に理解しているじゃないか。おまえは俺の心を読んだんだ！」[2]

ここで誰しももう一人の音楽家の名前を思い浮かべずにはいられないだろう。『易経』に音を繋ぐプロセスを委ねたソロ・ピアノ曲〈変化の音楽〉を書いたジョン・ケージである。この曲の演奏者はマジック・バンドのメンバーのような苦行は強いられないものの、〈正解〉の音がなぜそうであるのか、次にどんな音を出せばよいのか、自分の感性や知性によってはまったく判断も予測もできないという点で両者は同じ位置に置かれている。「猿の頭をもつ猫の死体」という言葉と実際に弾かれたギターフレーズの間には、占いの結果とケージ指定の音の間にあるのと同じものがあるはずだ。無である。したがって作曲者と演奏者の関係も同じであろう。演奏者は黙って作曲者の指示に従うほかないのである。〈方法〉と〈正解〉の間を繋ぐものを「テレパシー」と言っても「偶然」と呼んでも、その実体つまり〈無関係〉は変わらない。二つの言語の間で翻訳は不可能である。

こうした哲学は、作曲技法の根本的な脆弱さを隠してくれる。それは創意の窒息に対する一つの抗議であるだろうし、職人的な技巧のあらゆる芽を摘み取ってしまう猛毒の使用に通じるだろう。私はこの種の試みを、怠慢による偶然性とよびたい。（……）怠慢による偶然性ははじめは奇妙で面白い。しかし決して更新してはいけないだけにすぐさまあきてしまうのだ。(3)

だから「管理された偶然性」を、とピエール・ブーレーズは唱えた。そして実際、「創造的可能性の有限集合の組織化」を目指し、それら諸集合を「機能的生成により最初のセリーから演繹」させる音楽技法を定式化した。(4)そこでの偶然性は、どんなセリーを設定するのか、有限集合のなかからどの要素を取り出すのか、といった限定された選択の問題に還元されて確かに管理（＝方向づけ）されている。調性であれ旋法であれ他のどのような原理であれ、作曲家や演奏者が自由にインスピレーションにもとづいて繰り出す音が、すべて一定レベルの音楽内的なルールに合致していることを求める（言い換えるなら、「間違い」を排除しようとする）のでないかぎり、キャプテン・ビーフハート／ジョン・ケージの陣営とブーレーズのそれは、可能なただ二つの非和解的立場であるよ

（2）マイク・バーンズ前掲書、二八七頁。
（3）ピエール・ブーレーズ、『ブーレーズ音楽論――徒弟の覚書』、船山隆、笠羽映子訳、晶文社、四三―四四頁。
（4）ピエール・ブーレーズ、『現代音楽を考える』（笠羽映子訳、青土社）、「Ⅱ音楽技法」を参照。

うに思える。音の生成と結合を音響現象には直接かかわらない原理により統制するか（統制の有りようが耳で聞き分けられるかどうかはこの際どうでもいい）、それともブーレーズの言い方を借用すれば、知性と想像力の管轄範囲、明晰さと天才の領分をはっきり分けたうえでそれらを相互作用させて音を一つ一つ推敲するか。端的な錯乱か、それとも組織された錯乱か。職業音楽家は言うまでもなく、後者の立場を取るだろう。前者のそれは、やり遂げる意志と揺ぎない自信さえあれば、どんな「素人」にもできるからだ。ヴァン・ブリートやケージのように。「もしそれほど音楽が簡単に書けるのなら、私にもできるだろうと言う人々がいる。もちろん、彼らにもできるだろうが、ただ、彼らはやらない[5]」。

しかし今日、ヴァン・ブリートのバンド活動の記録『キャプテン・ビーフハート[6]』を読めば、マジック・バンドの音作りの現場がそれこそいつ終わるとも知れぬ推敲の連続であったこと、ヴァン・ブリートの詩的想像力にバンドメンバーたちはまさに音楽的知性と職人的技巧を提供しており、両者は相互作用していたことがよく分かるし、ケージが「実験」のやり方そのものをたえず更新させていたことは周知のことがらである。つまりブーレーズの論難は、彼の嗜好と職業道徳については明瞭に語っていても、知識にかかわる議論としてはそれほど当を得たものではない。それ以上に、彼の次の言葉は「怠慢による偶然性」の実態を参照せずとも、彼自身の論拠に照らして間違っている。「明晰さと天才の矛盾をボードレールが克服したのは一世紀も前のことだ[7]」。というのも、ボードレールは天才について次のように語っているからである。

天才とはつまるところ、意のままに取り戻される幼年期、今や自己を表現するために成年の諸器官をもつようになり、無意志的に集積された材料のすべてに秩序をつけることを可能ならしめる分析的精神をもつようになった、幼年期にほかならないのだ(8)。

すなわち天才とは、大人の能力たる知性と、「いつも陶酔」していて「色やかたちをむさぼり吸い込む」子供の「インスピレーション」の間の矛盾を克服した人のことである(9)。克服されたのは明晰さと天才の矛盾ではなく、あくまで批評的、学問的知性と芸術的感性の矛盾であって、それは天才にしか克服できない、つまりほとんど克服できないのだ。天才の要件について、ボードレールはさらにこう続けている。「我が家の外にいて、しかも、どこにいても我が家の気持ちでいること。世間を見ながら、世間の中央にいながら、世間に対して身を隠したままでいること(10)」。天才とは彼

---

(5) ジョン・ケージ、『音楽の零度』、近藤譲編訳、朝日出版社、二一七頁。
(6) マイク・バーンズ前掲書。
(7) ブーレーズ、『現代音楽を考える』、一二一五頁。
(8) シャルル・ボードレール、「現代生活の画家」(阿部良雄訳)、『ボードレール全集Ⅳ』(人文書院)、三〇一頁。
(9) 同書同頁。
(10) 同書三〇二頁。

自身が矛盾の定在にほかならず、対立の一項などではない。ブーレーズは矛盾が「ある」ということと、それが「克服された」ということを混同している。

大作曲家にして大指揮者、大理論家にケチをつけてそれが〈ロック〉だなどと言ってみたいわけではない。ポエジーの生産に範を求めることはいかに危機意識の反映――ブーレーズは音楽が文学に遅れていると考えていた――であるとはいえ、「数学的に正確な」（ボードレール）表現を音楽にもたらす以前に、数学的に正確な表現という矛盾に音楽を連れて行ってしまう。ブーレーズ自身、「音楽技法」と題された章の最後でこう述べていなかったか。「この章を料理書の一種と考え、そこから出発して何かを製造できるだろうなどとはけっして思わないで欲しいのだ[11]」。かつて「オペラ座を爆破せよ」と述べてコンサート会場で陶然とする人々に唾を吐きかけた人に相応しい徹底した態度で〈音楽＝美神《ミューズ》のことがら〉を音響現象に還元した音楽家が、詩学の工学の最後を創造の神秘への沈黙で締めくくる。「至高の目的は詩的生産における無謬性である[12]」というボードレール・テーゼにおける「至高の」の意味は「無理な」であったと確認するかのように。この沈黙は、キャプテン・ビーフハートがバンドマンに強いた詩的指令の不可能な翻訳といったいどれほど異なるのか。〈全面的セリー主義〉という技法とルネ・シャールやマラルメのポエジーの間には、〈鱒の仮面の複製〉というダダイズムと同名のアルバムの間より「短い」距離があるのか。〈無関係〉に遠いも近いもないとしたら、「怠慢による偶然」と「管理された偶然」の間にはなんとなくの、つまり怠慢による以上の違いは認められない。〈方法〉と〈正解〉の間を、ブーレーズ自身も結局のところ空白にしているのだ。「製造」はボードレールの箴言にならいたまえ、では、彼の弟子はマジックバンドのギタリストと変わるところのない当惑に陥るほかない。ドンもかなりの詩人であったことは確かだ。

今日の音楽愛好家は〈トラウト・マスク・レプリカ〉も〈プリペアード・ピアノ〉も〈プリ・スロン・プリ〉も同じように楽しむことに十分慣れている。違いを楽しめなければ、個人的な好みや教養＝文化的な次元を持ち出して後は語らないでおくという態度が、とりあえずの〈正解〉であるだろう。俺の趣味に口を出すな。君と私では文化が違う。ヴァン・ブリートにとっては腹立たしいことであったが、誰でも「ぼくちゃんが最高」[13]意識をもつ権利ぐらいはある。それに、違っても十分楽しめるじゃないか。ドンの友人にして庇護者だったフランク・ザッパはピエール・ブーレーズの大ファンだったろう。差異を楽しむことができないのはそれこそ教養が足りないせいであろう。しかし好み―教養―文化……によって何かが説明されたと安心するには、少なくともブーレーズと同程度の誤解あ

(11) ブーレーズ、『現代音楽を考える』、二一五頁。
(12) ボードレール、「リヒャルト・ワーグナーと『タンホイザー』のパリ公演」、前掲『ボードレール全集Ⅲ』、一五〇頁。ブーレーズ『現代音楽を考える』、九頁に引用。訳文は後者による。
(13) バーンズ前掲書八五頁。

るいは怠慢が必要である。何もないところ、沈黙があるところ、まさに創造的緊張を強いる空白を、すでに個人の趣味判断が埋めていた（矛盾は克服されていた！）、とする誤解だ。〈方法〉と〈正解〉の間には何もないのに、その無をまたしても〈方法〉により（文化的アプローチ！）埋めて知らぬ顔をする怠慢だ。ことがらの順序はあくまでも前記三作の〈創作〉が最初にあり、しかる後に〈好み〉や〈文化〉の働きも可能になるのに、それを逆転させることは単純な錯視にすぎない。まさにイデオロギー的な。アルチュセールに従えば、理論的真空を埋めるもの、そうした真空に対する恐怖心がイデオロギーの正体であるのだった。原因と結果の間は何かが繋いでこそ原因であり結果であろう、生み出すものと生み出されるものの間に何もないというのはそれこそ矛盾であろう、等々の反論はもっともらしく聞こえはするが、そう反論する人間は少なくとも教養を欠いている。歴史上、そうした因果関係ならぬ因果関係については、神の意志として、あるいは機会原因論として、度々問題にされてきたではないか。

方法の不在を〈文化〉（歴史社会学的に主題化されうる対象）と呼ばれるメタ方法により代置させても、さして問題はないように思えるかもしれない。あるいは、学問とはそもそもそうしたものであるのかもしれない。しかしこのとき、ことは確実に創造の領域を離れる。全面的セリー主義は「もっとも一般的な」音楽技法であることを目指した（それが「全面的」の意味である）、つまり音にかんしてこれ以上メタな位置はありえないはずだった（調性は無調システムの部分集合と捉えられる）のだが、にもかかわらず、創造の秘密はその外部にこぼれ落ちた。音楽の内と外のこの無関係から出発することが、牛心隊長ヴァン・ブリートと茸信者ケージとＩＲＣＡＭ[14]所長ブーレーズに共通する実際の作曲であるのだった。つまり無調以降の作曲実践にとり、メタ方法は方法の一つにすぎず、したがってそれもありえないということが創作のイロハであったのに、〈文化〉の導入による〈方法〉の相対化は調性と無調性を同列の異なる〈様式〉に置き直してしまう。美学が芸学に置き換えられていったのと平行して、〈アヴァンギャルド〉は〈諸様式の民主主義〉に席を譲る。繰り返すが、これはことがらの順序を見誤っており、要は創作を止めておきながらまだ続けているフリをしているだけだ。諸様式の「サンプリング」により、さらに、マーラーの「新解釈」もまた創造なりとみなすことにより。フリに比べれば、作れなくなったとき現実に雲隠れしてしまったヴァン・ブリートのほうがよほど誠実であるだろう。諸様式の民主主義も天才による創造も、共に「ぼくちゃんが最高意識」に支えられるほかないだろうが、前者にあってそれは空無を埋める根拠として、為された創作を説明するために持ち出されるのに対し、後者にあってそれは空無と同義であり、創作が果たされた後に口にされることはない。どちらが無益に争いを激化させるかは自明であるだろう。前者は民族紛争のなかで捏造される民族の大義と大差はないが、後者は〈自らとの差異〉と

（14）ポンピドー・センター付属の音響音楽研究所（Institut de Recherche et Coordination Acoustique/Musique）。

して作品を生み出し、解消し続けるだけだ。ドンは何度自分のバンドマンを毒づいたことか。俺の意図と違う——当たり前だ、関係ないのだから。マジック・バンドの音は、ドンの頭のなかから飛び出た「猿の頭をもつ猫の死体」であり、言葉ではなくなった言葉、詩であることを止めた詩、彫刻家ドン・ヴァン・ブリートの音楽家キャプテン・ビーフハートへの生成であり、空無を飛び越えるジャンプであり、ゆえにいつも踏み切り地点と着地点の相違に苛立ちを覚えねばならず、このイライラゆえにまた次のジャンプへと向かわざるをえない調節 règlement = 壊乱 dérèglement である。ブーレーズはランボーの言葉を少しだけ変えてこう書いた。「音楽家はあらゆる感覚の、長期にわたる、大かがりな、そして理に適った調節 règlement を通じて見者となるのです[15]」。変える必要はなかったのだ。「詩人はあらゆる感覚の、長期にわたる、大がかりな、そして理に適った壊乱 dérèglement を通じて見者となるのです[16]」。音楽家とは詩人への、また詩人からの生成であり、つまり詩人でありかつなく、彼の調節は壊乱と同じことであるのだから。

その中身は理念であってもポエジーであってもかまわないが、芸術表現の結果として生み出される「美」と、技法と呼んでも手段と呼んでも、さらには様式と呼んでも大差はない美へと向かう方法の間には、何もない。この「無」こそ芸術が芸術になる上で本質的な要因をなしていると言う。ジャック・ランシエールは、「アート」という名辞が様々な技芸の雑多な集合体を指して複数形で用いられる時代ないし体制 régime（あり方全般の仕組みのようなものである）

が終わり、単数形に定冠詞を付けた「アート」が自立する、つまり単一の内的本質により定義されるようになる上では、もちろん美学という知の成立が一つのメルクマールとなるだろう。当の内的本質を美と名指すこの知の登場により、アートは技芸から芸術になった。これに対しランシエールはもう一歩踏み込んで、活動の本質としての美の抽出、つまり美という価値の自立とは、美が技芸を特徴づけていた規範――アリストテレス『詩学』がその集大成である――からも独立し、固有の方法を失っていく過程であったと考える。ならばそれはプラトンに帰ることかと思えるかもしれないが、真や善とならぶ美のイデアはあくまで観想の対象であり、この世に降りてくることなど最終的にはありえなかった（だから詩人は共和国から追放されねばならなかった）のに対し、ランシエールが芸術の美学体制と呼ぶ美と芸術のあり方においては、美は方法を欠いてなおこの世に降臨しなければならず、世界の只中にしか存在しえないのだ。技芸の時代には、その方法がまさしくアート＝技芸であったのに、美はいわば梯子を外されてこの世に「落ちて」くるべきもの、逆にこの世から見れば、梯子なしに一足飛びに到達すべき別世界になったのである。言ってみれば、キャプテン・ビーフハートもジョン・ケージもピエール・ブーレーズも、芸術をめぐる冒険の最後、最先端、前

(15) ブーレーズ、『現代音楽を考える』、二六三頁。
(16) ランボーがイザンバールとドメニーに宛てた手紙より。ブーレーズ、同書同頁参照。

衛において創作しつつ争っていたのではなく、芸術が芸術になった瞬間の出来事に三者三様に忠実であったにすぎない。

かんたんに言えば、何をどう描いてもよいという条件のもとで美しくある――これがそもそものはじまりから芸術であったわけである。シェーンベルクが調性を、オーネット・コールマンがコードと小節構成を捨てるはるか以前に、芸術なるもの自体が「デレク・ベイリーしていた」と言ってもいい。この基準にしたがえば、サンプリング美学あるいはある種の懐古主義としてのポストモダニズムは歴史的規定としては存在する資格さえ失う。新しい美を生む手法は、最初からなかったのであるから。何をどう描いてもよい、とはそういうことだ。ランシエールが芸術の美学体制の成立を画す指標として引くのは、たとえば『アンリ・ブリュラールの生涯』におけるスタンダールである。[17]この自伝的回想のなかで彼は、物心ついて初めて聞いた音として覚えている音の数々を挙げている。教会の鐘、水車、隣人の吹く笛、……そして彼はその記憶を中国の文人、沈復（Shen Fu）による風景描写に重ね合わせる。これこそ「美的態度」である、と。日常の何でもない音、光景をそのまま「美」へと移行させるものが、だ。こうした牧歌的東洋趣味とは対極にあるにもかかわらず、フローベールの『ボヴァリー夫人』もまた同じ機制のもとにあることは確かだろう。[18]ありふれた人妻のありふれた不倫話を、「絶対的文体」により芸術に仕立て上げる営みはさらに、土取利行が拾い集めた石を叩いて行う演奏とも本質的に隔たっているわけではない。紅茶にマドレーヌを浸せば架空のソナタが聞こえてくるのが芸術というものだからだ。路傍の石や人妻の野外性交を比類なき美の化身に変貌させる「絶対的文体」が芸術の核心であるとすれば、芸術には原因となる石の姿も人妻の情念も必要ないとさえ言えるだろう。実際、フローベールはコンスタンチノープルを描くのに、じめじめして曇天ばかりつづくフランスの田舎を離れる必要はまったくないと語っている。文体が、事物を見る絶対的方法であるとき、生の事物は見る必要さえない！　この必要の無さが絶対性ということの中身であり、要するに、芸術は描く題材、用いる素材の拘束をまったく受けない場所に自らの活動本拠を置いていて、ゆえに逆に、あらゆる題材、あらゆる素材を美に変えることができなければならないのである。それができてこそ、絶対性すなわち他のどんな活動でもない芸術の独立性が証拠立てられる。アドルノは天才をあらゆるときにあらゆることができる人と定義したが[19]、その定義は芸術家一般に拡大されるべきだろう。しかしこのとき、天才とは美学的芸術体制のもとで芸術家が味わう受苦の謂にすぎない、と分かる。あらゆるときにあらゆることができなければならない、とは、特に何かができればよいという限定を欠いていることだからであ

（17）*Malaise dans l'esthétique*, p.13.

（18）以下、フローベールと芸術の美学体制との関連については、ランシエールのドゥルーズ論（第一章注21）および、*Le partage du sensible*, *Malaise dans l'esthétique* の二つのテキストによる。

（19）Theodor W. Adorno, *Quasi une fantasia*, trad. française, Gallimard, p.261. アドルノはそこでシェーンベルクが「天才というブルジョワ的観念」に屈したのではないかと指摘している。我々の文脈では、シェーンベルクもまた一人の凡庸な、つまり芸術の美学体制のなかにいるという点では他の者たちとなんら変わるところのない芸術家にすぎなかった、という指摘である。

る。

いずれにしてもこの体制のもとでは、芸術とは言い換えるなら非芸術の芸術への移行、それも橋のない移行であり、この距離の無さのせいで、両者は無媒介の一致、より正確には相互陥入を迫られる。実際の作用としては、この「無」は題材や素材をたえず拡張する衝迫を芸術に与えるだろう。芸術としての音楽は宿命的に、楽音の範囲を拡大してノイズを取り込む、ノイズを楽音にするよう自らに求める。楽音とはかつてノイズであった音のこと、ノイズとはすでに潜在的に楽音である音のこと、と定義さえすべきほどに。この点ではシュトックハウゼンもブーレーズもケージも事実上の見解において差異はない。しかし現代音楽の歴史を参照するまでもなく、宿命はすでにドイツ・ロマン派の文学者の筆のなかではっきりかたちを結んでいる——そのように、ランシエールはヴィルヘルム・ハインリヒ・ヴァッケンローダーの言葉を読む。「いったいどんな魔法に準備されて、精霊たちが今、きらきらと入れ替わり立ち替わり立ち上って来ているのか。私が目にしているのは穴の開いた箱の上、動物の腸と金属の糸の上に、数量関係のごく貧弱な織物が触れることのできる仕方で現れていることだけであるというに[20]」。ミュージックとは、どこまでも物質的な音響が、あくまでも非物質的、精神的なミューズを運ぶ事態である。生理的に快である音と不快でしかない音の区別は可能であるだろうが、感覚の快はカント美学にあってさえ「自由な戯れの美」の下位にあって食や生殖と次元を同じくするものであり、ミューズと合体しない音はまだすべて資格の上ではノイズにすぎない。静けさには勝てないのである。ノイズと楽音の差異は音楽理論的、音響工学的、神経生理学的、文化史的、等々の調査研究によって探られる以前に「論理的」であると言うべきだろう。音における「矛盾」である。それを克服する媒介が音楽であるには違いないが、どうすれば矛盾が克服されて音楽になるかとの問いには答えがない。それは、神即自然の「即」におけるのと同じ理である――「即」に矛盾はすでにないが、ないゆえに、いかにして神と自然が和解を遂げたのかはもう分からない。問題としての妥当性そのものがすでに抹消されている。アドルノは一九四九年に「音楽素材そのものの拡大は一つの極点に達してしまっている」[21]と記しているが、拡大の開始時点は「新音楽」よりはるか前に置くべきであったろうし、その開始とは、生をとりまくすべての音、あるいは音なるもの自体への芸術音楽の原理的開放だった。実際、「物自体」に音楽を聴き取ったショーペンハウアーほど音楽素材を拡大した人はいない。この哲学は、すべての周波数帯を含むホワイトノイズこそ音楽の極点、イデアであると述べているに等しい。「拡大」は、予めすべてに及ぼされてから始まったのだ。ヘーゲル主義者アドルノはこう言うべきだったろう――新音楽の老化とは音楽の若返りにほかならない。

いまだ一二音平均律に忠実であったシェーンベルクも、個々の音の衝動的生命力を語った。まる

（20）このフレーズをランシエールは異なるテキストで二度、引用している。*Malaise dans l'esthétique*, p.17, «La métamorphose des muses», p.30.

（21）アドルノ、「新音楽の老化」、『不協和音』所収、二七五頁。

で光の粒子を絵の基本単位とした印象派の画家たちに倣うかのように、音それぞれに様々な方向へ赴こうとする力を認めた。しかしそうした光の働きを見えるように、音の生を聞こえるようにするのはアーチストの仕事である。彼らの手が加わる以前は、美は存在していても感じ取れないのである。つまり人間にとっては存在していない。生は美になる潜勢力を秘めているが、美に変貌を遂げてもやはり生のままだ。とすれば、商品広告、この我々の生を満たすものも、広告であることを止めることなくアートになれるだろう。シュールレアリストはコラージュにより、ウォーホールは複製により、それを実証した。そして美はそれ自体、商品価値でもある。芸術の自立とは、芸術家が独立自営業者になることでもあった。美とは異なるものへのこうしたジャンプが、美を美にしている。楽音になったノイズは結合の仕方如何ではまたノイズに聞こえるであろうし、点描は近寄りすぎても遠ざかりすぎても点描の点描たる所以は見えない。しかし近寄ったり遠ざかったりしないと、点描に特有の揺らぎは感じ取れない。芸術もまた非芸術になることができてはじめて、非芸術が芸術になる可能性はあるのだ。自己との差異――無いと同時に在るこのものが芸術の美学体制の正体にほかならない。

それが正体であるとして、言い換えるならこの差異が芸術家の創作を一般的に統制しており、彼らにはその作用から逃れることができないとして、個々の芸術家はこの唯物論的な事実に耐えることができるだろうか。ちょうど科学者が実践においては唯物論者であっても、自らの実践を観念論的に認識することがあるのと同じように、芸術家は自身の創作を美学的体制の実相に即して把握できるとはかぎらない。彼らはむしろつねに彼らなりの何らかの「方法」をもって、〈方法〉の不在を埋め合わせしようとするだろう。そして批評家と学者は、そこに〈様式〉と〈文化〉を認める。あるいは芸術家自身も。彼らがそれを方法ではなく、素材そのものに由来する必然だと主張することもあるだろう。「彼（＝シェーンベルク）にとって大切だったのは Was（何を）であって、Wie（いかにして）つまり淘汰の原理やプレゼンテーションの手段ではなかった」[22]。けれども、その Was はシェーンベルクにとっても音そのものがすでに与えている（だからこそ調性などという人間的規則は邪魔だったのだ）のだから、「最後まで作曲し尽くす auskomponieren」[23]つもりなら、むしろ何もしないのが正解であろう、とジョン・ケージの〈四分三三秒〉は主張する。様式も文化も方法も、さらには方法の否定さえ、「絶対的文体」の絶対性すなわち〈美を可能にする無〉の兆候と言うべきだ。ならばいかなる創作のレシピや特徴の列挙よりも、他人には何を言っているのか見当もつかない「ハーモロディック」（オーネット・コールマンの「方法論」）のほうがよほど創作的であるだろう。前者は、最初から存在しなかったものの終わりを「歴史の終わり」に発見してシニカルになるか、「伝統」に回帰するのがせいぜいのところであるのに対し、実体を欠いた後者はそもそも終

（22）アドルノ、「アルノルト・シェーンベルク——一八七四—一九五一年」、『プリズメン』、二二七—二二八頁。
（23）同書二二七頁。

わることができない。しかし『フィネガンズ・ウェイク』を書く方法など、誰か本当にあると思っているのか。それに、まじめに考えてみれば、「伝統とはぞんざいにやることだ」[24]（グスタフ・マーラー）。伝達可能なノウハウなど教えてはくれない。

ロックは〈文化〉でしかない。ロックの音楽的実体を様々な角度から探ってみても、手繰る糸の先は悉くどこかに消える。「～ロック」という名称はすべて胡散臭く、苦し紛れに編み出されたコピー、「ローリング・ストーンズはもはや音楽ではない。生き方だ」のほうがある意味正しいわけである。とすればしかし、ロックほど右の兆候たることに自覚的である音楽もまたないのではあるまいか。他のものになる（ピンクフロイドはバレー音楽になった）、すでに自らではない自己（ザッパは現代音楽だ）、等々、芸術の美学体制の基本原則たる等式――〈芸術＝非芸術〉――にロックほど忠実であって、それが決して非ロック的であることにならない音楽はほかにない。なにしろ音楽でなくてもよいぐらいであるから。しかしまた、音楽でないロックは考えられない。それはただの風俗であるだろう。つまり音楽としてのロックはその存在そのものにより、自分に揺さぶりをかけているのである。創作を窒息させる〈方法〉なるものにも。創作の中心にある不在を覆い隠す〈文化〉にも。回りrollはじめて軌道（グルーヴ?）に乗れば、それもまた方法になってしまう――一つの目的論として只ひたすら踊ること――が、揺さぶりrockの瞬間には、生の軌道は間違いなく〈美〉の方に外れている。もちろん、これはロックとして発表される曲のほとんどがどうでもよい類のものであることとは矛盾しない。つまらなさ、下らなさは、ロックにあっては文化にならない綱渡りの代償なのだ。相克は結局のところ、〈演出〉についての二つの姿勢の間にあるのかもしれない。音にして見た目である自らを、ロックはその誕生以来演出しようとしてきた。舞台の上に乗せられるのは、見た目である音であり、音である見た目であり、両者の差異から生れる一つの有としてのロックだ。中継され、記録され、流布されるようになって、「スペクタクル社会」が過剰露出により浸透していく尖兵の役目を果たすかのようなロックコンサートはしかし、こと無あるいは差異の演出、無なるものの有を見せようとする演出にかかわるかぎり、詩的な男性原理と音楽的な女性原理をオペラにおいて結婚させると称したワーグナーとも、文字にダンスをさせたマラルメとも基本機制を同じくしている。しかし、これがロックだと差し出される演出と、これもまたロックだと自己主張する演出では、賭けられているものがまったく違う。「これが」は他に取って代わってロックたろうとするのに対し、「これもまた」は、差し出される当のものがロックではないということもまた同時に言おうとしているからである。「これもまた」の姿勢をみごとに例示しているのはアントナン・アルトーである。

(24) アドルノ、「伝統」(『不協和音』所収)に引用。二三三頁。

我々は文学とは何の関係もない。しかし我々は必要に応じ、誰もが行っているように文学を用いることが完璧にできる。シュールレアリズムは新しい表現手段やより簡単なそれではなく、詩にかんする形而上学であるのでもない。それは精神および精神に似たすべてのものを解放する手段なのだ。(25)

そのように述べてなおかつ文学雑誌に「詩」を投稿すること、そしてそれが没にされるや、私の書いたものは文学などではないという理由で怒ること。彼が求めたのは、文学ではない詩の文学的実在だったのだ。もちろんこれは理不尽な要求である。なんとパンクな……　コンサートでもライブでもパーティでもなく、Exploding Plastic Inevitableと名づけられたウォーホールの「何か」も、映画と音楽に対して同じような態度を取っていたろう。俗に言う「フレーム問題」を一挙に露呈させるような演出と考えてもいい。

2　暴走するミメーシス

〜プラトン、ロックンロールを恐れる

模倣ではないロックは存在しない。誰のロックであれ、他の誰かの音や演奏を想起させないものはないし、耳にまず飛び込んでくるのが聞いたことのない響きであっても、ロック内カテゴリーのどれか、さらにはロックなるもの自体の感覚を共に呼び込んではじめて、ロックはそれとして成立する。このときエイトビートやコード、さらにはエレキギターさえロックの成立要件ではないことは、灰野敬二まで持ち出さなくてもヴェルヴェット・アンダーグラウンドやＰＩＬを思い出してみればすぐに分かる。音によってロックになる必要さえないだろう。姿形がロックンローラーであれば、見る者はそれをロックとして受け入れてくれる。そのロック性を聞き分けるには、ときに微細な差異を感じ取る鋭敏な「通」の感覚が必要とされ、それゆえに「精神性」さえ語られることがある（サイケデリックと呼ばれる領域においてこの傾向は著しい）ものの、分かりやすいロックも判別困難なロックも、先立つ何かを様々な程度に模倣してロックになっていることに変わりはない。ロックはロックを模倣し、模倣の力により伝播していった。ロックは、すべて似ている。それを模倣すればロックになる要素の全体があまりに漠とし、広大であるから、オリジナルであること、唯

（25）Antonin Artaud, «Déclaration du 27 janvier 1925», in Maurice Nadaud éd., *Documents surréalistes*, Seuil, 1948, p.42. このテキストは Bureau de recherches surréalistes の著として発表された。ランシエールはアルトーについて *La parole muette*（『沈黙の言葉』）、«3-10. L'artifice, la folie, l'œuvre» (Hachette, 1998) で論じている。

一無比を追い求めるロックンローラーは、他のジャンルに移らないうちにそのまま「アヴァンギャルド」の宇宙に出てしまうことになる。どんな極小の、ないに等しい模倣でも構わないがゆえに、誰でもロックンローラーになることができる。模倣の力により、ロックは外延的にも内包的にも無限の境位に到達するのだ。プレスリーが黒人音楽を模倣して十年と少しで、高橋悠治は次のように記している。「古いロックは生れた風土から切り離され、マネされているうちに、その固着した意味体系はこわされてしまった。音のエネルギーの極度の集中という形態のなかで、非個性的、人種主義的痴呆症のかわりに、普遍的で、同時に個人的な共同体としてのグループの思考がはじまる」[26]。こう言い換えてもいいだろう。マネされているうちに、マネされるものの固有性は消滅し、中身を欠いた共通性だけが残って、平等で分子的でどこも似るところのない個人が裸の状態で放り出される。そしてそこを折り返し地点に、限界のない別の集団の歴史、集団の別の歴史がはじまる。あるいはむしろ、歴史は繰り返されると言うべきか。「我々のメンバーの数に限界があってはならない」――これは最初の労働者階級の政治団体、「ロンドン通信協会」の規約第一条（一七九二年）である[27]。

ここで問題にしたいのはしかし、あくまでも模倣である。いとも簡単に無限に行き着いてしまう模倣、互いに模倣しあう者たちを逆に似るところのない者たちにしてしまう模倣は、エディプス的な同一化の枠で括るには過剰なところをもっている。大人になりたくない子供の欲望を「若者文化」とカテゴライズしているだけだと述べても半可通で偏りのある評言にしかならないだろう。なにより、ロックンローラー第一世代でさえ「なりたい大人」のモデルをもっていた。ブルースマンたちである。ロック的な模倣の過剰さはひとえに、父親殺しを経なくてもいつの間にか「自立」しているところに認められる。エリック・クラプトンはロバート・ジョンソンを、キース・リチャーズはチャック・ベリーを、ほんの少しでも否定したことがあったか。ジミ・ヘンドリクスは自分の演奏について、サン・ハウスやマディ・ウォーターズたちのブルースをやっているだけさ、と言っていなかったか。さらにバディ・ガイのスタイルを真似ていることを公然と認めていなかったか。ロックにおいて「コピーからはじめてオリジナルを」という「正しい」考え方は、弱々しいものにしか響かない。彼らはつねに徹底して模倣しているだけだ。過剰さはそこと、その結果に認められる。自分を育ててくれた音楽への敬意と師と同じ舞台に上れる興奮を抑えながら陶酔してチャック・ベリーを弾くキース・リチャーズが、他ならぬその師から、うるさい、この下手糞野郎め、と怒鳴られ、殴り倒される結果に。(28) そして、愕然とし猛然と反省するどころか、それをちょっとした自慢話にできる(「俺はチャック・ベリーに殴られたんだぜ」)くらいのキースの不遜な自信に。似てい

(26) 高橋悠治、「ニューロック＝感覚の微分方程式」、『ニューミュージック・マガジン』、一九六九年一一月号。
(27) ランシエールはこの労働者組織について *Les noms de l'histoire* 最終章で論じている。
(28) このエピソードについてはフランソワ・ボン、『ローリング・ストーンズ——ある伝記』(國分俊宏、中島万紀子訳、現代思潮新社)、八二—八四頁に詳しい。

ないわけはないがまったく別ものでもある、過剰な模倣。これは、本物と見分けがつかない巧いコピーとも、最初からデフォルメを意図した「ものまね」芸とも異質であって、あくまで無意識に招来された結果である。したがって、過剰さも最初からあるわけではなく、模倣が制御不可能なくらいに徹底された、あるいは暴走したゆえであると言えるが、それでも同時に、その過剰は最初に模倣されたもののなかにすでに傾向として含まれていたということも事実である。マディ・ウォーターズやとりわけハウリン・ウルフといったシカゴ・ブルースの猛者たちは「電気」をギターと声とハーモニカの音を「割る」ために使っていた。傾向が模倣されるとき、傾向は増幅-加速されるほかないだろう。六六年にはすでに音の大きさは耐え切れないほどになっており、ルー・リードは客席に向かって「うるさすぎるなら後ろへ下がってろ」と毒づき、翌年、ジミ・ヘンドリクスは耳栓をしてモンタレーの舞台に上る。彼はまた〈鯰のブルース〉のぽつりぽつりとした音の間に、これでもかと指とピックを挿入して、異次元の速度を実現した。〈一晩中おいらを揺すってくれよ〉Rock me all night とマディ・ウォーターズやB・B・キングがゆったり艶かしく歌った曲は、いくら身体を揺すっても追いつけないテンポに変奏された。それでも彼のファズ・ギターは潰れた唸り声の模倣であり続けている。模倣されたサン・ハウスのほうは、エレキギターなぞまっぴら、と戦後すぐに引退してしまっていたが。さらに、ジミは同時にビートルズもボブ・ディランも模倣したかったのである。誰に似ることもできなくなって必定というものであろう。

こうした模倣の背後に何があるか、模倣の欲望とは何かは我々の関心事ではない。模倣の只中で何が起きているか、模倣とはどういう作用であるのか、それだけが問題である。ランシエールはそれを、プラトンに答えさせている。

そうすると、とぼくは言った。こんどはそれと違ったもう一方の語り手は、その語り手がつまらぬ人間であればあるほど、それだけいっそう何もかも真似することになるだろうし、どんなことでも、自分に似つかわしからぬとはけっして思わないだろう。したがって彼は、あらゆるものを本気になって、それもたくさんの人々の前で、真似しようとこころみることだろう……われわれがさっき言っていたような、雷鳴だとか、風や雹や車軸や滑車の音だとか、また喇叭や笛や牧笛やあらゆる楽器の音だとか、さらには犬や羊や鳥の声までも含めてね。こうしてこの人の語り方は、そのすべてが声や身振りによる〈真似〉によってなされることになり、叙述を含むとしても、わずかなものとなるだろう(29)。

そのまま、日々繰り返されるロックの歴史を評しているかのようだ。模倣には歯止めがかからず、次々に新しい模倣を呼び込んで主体を〈多〉に解体し、その連鎖は無政府状態をもたらす。『国家』

(29) プラトン、『国家』第三巻、邦訳上巻二〇五頁。ランシエールはこの箇所について《La métamorphose des muses》で論じている。

第三巻は、国家の原理が「うたう詩人」、太古のロッカーたちを国家から追放することと表裏一体であることを明らかにしている。その原理とは〈各人は同時に一つのことだけをする〉である。「農夫は農夫であって、農夫の仕事に加えて裁判官を兼ねるのではなく、……」[30]。哲人為政者をのぞいては誰も共同のことがらにはかかわらず、各個人は自分の仕事だけをランシエールによれば「根源的な外在性において」、つまり他人の仕事を意識することなく別々の場所で遂行する――プラトンにあっては、それが「都市国家の内在性を生きる」市民の生であり、ランシエールはその実現に国家の根源的目標を発見している[31]。実際、『国家』が色々並べ立てる悪は畢竟ただ一つのことがらに帰着する。一において二であること、同じ場所で二つの働きをすること、一人の人間が二つの性質を兼ね備えることである。この二重性は〈民衆〉に、公共のことがらに口をだす〈自由〉、持ち場を離れる〈自由〉、二枚舌を使う〈自由〉を与えて、衆愚政治を招来したあげくに国家を弱体化させ、崩壊させるだろう。そしてこの根源的な悪を為す者たちには一つの類的な名前が与えられている。それが模倣者だ。他人の話を自分の声でうたう叙事詩は、善き政治にとっては、ただそれだけの理由によりすでに悪を担っているのである。

詩＝歌、あるいは言葉の語り方一般をめぐるプラトンの考察はさらに興味深いところにまで進む。最初の分析的分割は、語りについて〈単純な叙述〉と〈真似〉を区別する[32]。「これら二つのうち、一方の種類のものは、変化抑揚にとぼしく、もしそれに適した音楽の調べとリズムをこの語り方に与えるとすれば、正しい吟唱のための語りはほとんど同じ調べをとり、単一の音調のうちになされることになるのではないかね。なにしろ、変化が少ししかないのだから」[33]。ポリスの住民に適正な語りは極力音楽性を排した叙述であり、叙述は正しく語られるなら非音楽である。つまりこの分割は音楽的か否かの区別をその裏面に貼り付けており、音楽と模倣が、根本的な区分の効果により一致するのだ。音楽とは模倣であり、模倣は音楽からはじまる。この点は第二の分割によりいっそう明確にされている。それは歌を、言葉（歌詞）と調べ（音階）とリズム（拍子と韻律）の三要素に分け、「調べとリズムは言葉に従わなければならない[34]」と述べるのだが、その理由は「調べとリズム」がそれ自体で人間の感情や状態の模倣であるからにほかならない。リュディア調は「悲しみ」を、イオニア調やある種のリュディア調は酒宴における「柔弱な」、あるいは「弛緩した」状態を、ドリス調とプリュギア調は戦争における「勇気」、運命に立ち向かう「毅然として確固とした」態度を表す。ここで「表す」とはそれらの調が「そういう人の声の調子や語勢を適切に真似るような調べ」だという意味である[35]。音楽はそれ自体において、つまり言葉から切り離されてなお、他人の語り、

(30) プラトン同書二〇七頁。本書第一章一節も参照。
(31) 『不和』、「アルシポリティークからメタポリティークへ」を参照。
(32) プラトン前掲書二〇五頁。
(33) 同書二〇六頁。
(34) 同書二一〇頁。
(35) 同書二一二頁。

言葉の模倣なのだ。楽器の音は模倣の定在である。

われわれには、歌と曲調のなかで多くの絃を使うことも、あらゆる調べを含むような様式も、必要ないことになるだろう。（……）三角琴やリュディア琴などの、およそ多くの絃をもち、多くの転調を可能にするようなすべての楽器を作る職人を、われわれは育てはしないだろう。(36)

理由は今や明白であろう。楽器により転調が行われるとは、模倣が自立することだからである。歌詞を追いかけずに弦を押さえる指の位置をずらすだけで出来てしまう転調は、「調べとリズム」が言葉に従っていないしるしである。転調は、物理的、身体的に単純な操作可能性が〈反国家〉的自由の芽となりえることを教える。裏を返せば、精神の自由は転調にはじまるのだ。国家にとっての絶対悪が模倣であり、模倣は音楽からはじまり、弦楽器がその模倣に自立した存在を与えるとすれば、国家の政治は実践的には弦楽器奏者の一掃からはじまるだろう。国家の政治は本源的にアンチ・ロックである。民衆の歌は国家以前からあったであろうから、何者かがそれを敵視するようになったときに、国家ははじまる。フランク・ザッパが〈ジョーのガレージ〉三部作において描こうとしたのは、それ以外のことではない。

3　はじめに歌ありき
〜天上の歌、地上の歌、自然の歌

けれども、こう疑ってみることができないか。プラトンはなぜかくも音楽を憎まなくてはならないのか。音楽がグレードの落ちた言葉であるなら、放置しておいてもそのうち誰も耳を傾けなくならないか。抑揚もリズムもない正しい語りを流布させさえすれば、弦楽器奏者の育成は禁じるまでもなく習慣として廃れていかないのか。言葉と音楽の位階的な順序は、それをもって法的な禁止の根拠となすことができる権利上の順序であるなら、効果にかんする事実上の順序は実は逆なのではないか。ほかならぬプラトンが、この逆転を公言している。

> リズムと調べというものは、何にもまして魂の内奥へと深く入り込んで行き、何にもまして、力強く魂をつかむものなのであって、人が正しく育てられる場合には、気品ある優美さをもたらしてその人を気品ある人間に形作り、そうではない場合には反対の人間にする。[37]（強調引用者）

(36) 同書同頁。
(37) 同書二一八頁。

意味の伝達という言葉の本義において、音楽は言葉以上の言葉である。あるいは、言葉のほうが実は（＝意味の伝達をめぐる事実的順序においては）音楽の模倣なのだ。とはいっても言葉が音楽を模倣するのは、そこに自分の真理を発見するから、つまり音楽の真理が言葉であるからであり……この転倒により結局のところ一つの円環が閉じられる。言葉と音楽が互いに模倣しあい、両者の差異を次第に小さくしていって、無いに等しい差異のなかにそれぞれの固有性を解消していくスパイラルが出来上がる。その先端に、言葉と音楽の只一つの起源として、歌が立ち現れる。はじめに歌ありき。この歌はしかし地上において聞かれることはないだろう。地上から模倣が消え去ることはなく、模倣の不在は天上のイデア界にだけ許された事態であるのだから。それは美しい歌として、適わぬ恋の対象になる。「音楽・文芸のこと（音楽と言葉のこと、と読まれるべきである――引用者注）は、その終局点として、美しいものへの恋にかんすることで終わらなければならないはずだ[38]」。

ロックはプラトン的観点からすると、地上に降りてきた美しいもの、ジギー・スターダストである。ただしデヴィッド・ボウイのように美しくはなく、落下の衝撃は美しい「一つ」のものを、「二つ」の塵芥（ダスト）たる言葉と音楽にする。ロックはブルースがすでにギターと歌の間の関係に置き換えていた歌におけるコール・アンド・レスポンス[39]を、電気によって砕かれた音と声の相互模倣、共振に変えた。歌としてのロックは、言葉と音楽の模倣的平等をまさに物質的なやり方で主張するのだ。エイトビートは脚韻の一形態である。もともと一つである歌を言葉と調べとリズムに分解するのであるから、なにもヴォーカルが調べを担う必要はなく、ギターやベースが詞の連行を担ってもかまわず、ドラムが「怒り」という意味を語っても「恋」をメロディアスに歌ってもよいだろう。いずれにしても、どれも他の模倣である以上、模倣の紐帯は役回りをそれぞれに循環させずにはいない。「一つ」を構成していた諸要素が、まるで永遠に配りなおされるカードのように置かれる場所を変え、その推移のなかに「一」を再現する。イデアの地上的様態が埃に塗れていることは、単なるレトリックではない。繰り返し「発見」されるロックの「ルーツ」はミシシッピ・デルタの舗装されない路上であり、発見の度ごとに、刷新されるロックは〈ダーティ〉で〈カオス的〉になっていく。パンクやガレージの後、ジョン・スペンサーとロバート・パーマーはR・L・バーンサイドを「発見」しなければならなかった。「カオス、偶然、喧騒、僥倖は始源的なブルース・パラダイムであると同時に、もちろん、二〇世紀後半の科学のパラダイムでもある。ポスト相対性物理学のカオス理論は奇妙な誘引力――カオス・システムに一種の紐帯や形状や構造力学を付与する説明しがたい高次関数――について教えているが、それはR・Lにも当てはまる。彼の本質的な特徴は、前進するカオスだ。セックスと騒乱の音響を地球上に撒き散らす[40]」。アラン・ソーカルの悪戯と見

(38) 同書二二三頁。
(39) これについては本書第三章で詳細に議論される。
(40) ロバート・パーマーによるR・L・バーンサイドのアルバム、*Ass pocket of Whisky*（Fat Possum Records）へのライナー・ノート。

紛うばかりの物理学との類比はどうでもよい。聴きようによっては単に下手で騒々しい田舎の老人の歌がロック史の現在において一つの美学的理想になることとの事実性だけが、ここでは意味をもつ。模倣の連鎖は、「壊れている」（ぶっ壊れブルース！）と「一種の紐帯や形状がある」の判別が不可能な無差異地帯を地上に現出させるのだ。ひとつの趣味判断として。

　ロックは反プラトニズムである。ゆえに、対立が依存の一形態であるとすれば、すでに幾分かプラトニズムでもある。実際、ダイナソー・ロックの豪華絢爛たる舞台はどこか神殿における太古の神々への供儀に似ていないか？　しかし、言葉と音楽の分離不可能な「一」としての歌が、「語らない」器楽音楽に先行すること自体は、いわば人類学的な事実に属するであろう。音楽を敵視するプラトニズムはその事実が有する可能性――誰でも複数のことを同時に行える――への反動として政治を発明した、と考えるほうが理に適っている。イデアの哲学としてのプラトニズムは彼自身の手になるこの「政治の発明」に先行されていて（ランシエールはプラトニズムをその意味で原-政治 archi-politique と呼んだのだった[41]）、政治のほうは歌に先行されているのだ。哲学は政治への〈遅れ〉として存在し、政治とは歌への〈遅れ〉である。一と多の順序が想像的に逆転されて、一なるイデアは考案された。その意味ではロックは反プラトニズム的な歌である前に、一つの民族音楽であると言うべきだ。哲学も政治も芸術音楽も存在する以前から、生のなかに埋め込まれていた歌の一種である、と。極めて特殊であるのは、この民族音楽にとっての土地が地球そのものであること、それが生まれたときには哲学や政治はおろか芸術まで存在していたことだ。我々はやがてこの視点から、ブルース発生以来の歴史を再構成する試みを行うだろう。ともあれ、楽器を作らせないというプラトンのプランは相当に過激であって、多である民の歌を禁圧してしまおうとの目論見であるが、これはある意味で当時の音楽の現実に通じていない者（自分はそうだと彼は何度も述べている）の政策だと言うことができる。彼が危険視したギリシャの歌はユニゾンであり、これはすでに本質的なところで国家化されている歌の姿にほかならない。文明が王権を生み出すとき、世界中いたるところで、ポリフォニックなハーモニーがユニゾンに取って代えられた。王権は〈他人に調子を合わせること〉の中身を根底から変質させたのだ。算術的に厳格に調律された楽器に伴奏されるユニゾンの歌は、国家のないところには存在せず、そのように歌われる歌が国家に感覚的な実在を与えている。けれどもこの点は、プラトンの敵意が国家の歴史に先を越されていて、つまりプラトンは彼の特殊な政治を空想的に捏造したわけではなく、現実の歴史において民の歌は政治的な反動を呼び起こさずにはいなかったということを語っている。反動的であるのは国家のほうであって、歌ではない。はじめにポリフォニー＝歌がある。この歌を、天上に閉じ込めて聞こえないようにしたものが美のイデアであり、地上にあっては国家が、それら二つの音楽をユニゾンの響きに置き換えるのだ。この単純な構図のなかでこそ浮かび上がるロックの特殊性が存在しているだろう。美のイデ

（41）『不和』、「アルシ・ポリティークからメタ・ポリティークへ」を参照。

アも国家も自らの普遍性を主張する。それに対し、はじめの歌、はじまりの歌は歴史上すべてローカルな性格（地理的な偶然性と言い換えてもいい）を刻印されて生れ、普遍的なものとの抗争のなかで益々そのローカル性を自己意識の核とするようになっていった。〈民族〉の代わりに〈世代〉を理念とし、フェイス・ツー・フェイスの〈集会〉の代わりに「ほぼリアルタイム」を実現する〈複製〉を通じて形成されたロックは、歴史上はじめて登場した普遍的なはじめの歌なのだ。この時間的な偶然性が地理的な偶然性をロックから、それこそ時間がたつにつれて一掃していく。いわばあらゆる民族音楽を土地に帰属させることなく考えることが可能な地平を、ロックは開く。もちろん、それは芸術にも先行する地平であって、文化なるものに抗いつつはじまりを普遍的に思考する地平である。さらにもちろん、それははじまりの話は昔話ではないと考えるよう我々に促す地平である。この原始的音楽が生れたのは高々五〇年前なのだ。

ロックがはじまりであることと、ロックがはじまりをもつこと（カントリー歌手がブルースを模倣する）はいささかも矛盾しない。出自からの分離が、新しいものの絶対的はじまりを標すのだから。出自は永遠の彼方に消え去って（出自の出自の出自……）、むしろはじまりを不可能にする。異端としてのロックを「ルーツ」から説明する理由はない。

異端とはその語源にしたがえば分離である。ただし一つの正確な意味においてだ。厳密な意味における異端とは、dia-bolique（悪魔的＝一つの球体内における中心の複数化）である。砕かれてくっ付かなくなったsumbolum（象徴＝一つの中心への複数の球体の糾合）であり、もはや他の破片と合わなくなった金属や言語の破片であり、母のない子供であり、体から分離された声、居場所から分離された体である。束ねる場のないお喋り、語ることのない黙せる証人。悪魔的なものの審級は、無意識のお喋りに代わって真理の座に語らせるような身体のやり取りを禁じてしまう。[42]（カッコ内は引用者注）

異端的分離は、言葉の肉体への、身体の言葉への、〈良き〉帰属を壊してしまう。それは、言われた内容とは「似ても似つかない」彷徨える言葉に生命を与えるのだ。[43]

異端は、他所の土地に起源をもつ「異教」とは違う。異端はそれ自体が独立した思考であり、ただその素材を正統と共有しているにすぎない。そもそもロバート・ジョンソンは〈俺と悪魔のブルース〉を歌ったのであって、俺のなかの悪魔、悪魔のような俺という「帰属」を歌ったのではないし、ミック・ジャガーは、どこにも落ち着く場をもたず永遠に天上と地上の間を彷徨う悪魔を憐れんでいる。アレイスター・クローリーに師事し、悪魔の降臨を願ったジミー・ペイジは、つまり異教徒

（42）*Les noms de l'histoire*, p.139.
（43）*ibid.*, p.178.

に《・》な《・》っ《・》た彼は、どんどんロックを止めていった。どこまでも diabolique にすぎないものであること、これがはじめの歌が持続する条件である。

はじめに歌がある。プラトンが地上から天上に移動させたこの命題を、ルソーはあくまでも地上的な真理として定立した。『言語起源論』は、音楽が言葉を語る声から生まれることを主張する〈音楽起源論〉でもある。始原の言葉はそれ自体が音楽を内在させていたと説く。

声の記号があなたの耳を打つや否や、それはあなたに似た存在がいることを教えてくれる。それは、いわば魂の代弁者である。それはまた、あなたに孤独を表現するとしても、あなたが孤独ではないことを語る。小鳥はさえずるが、人間だけが歌うのだ。そして歌や交響楽を聞くと、人は即座に〈感覚的なもう一つの存在がここにいる〉と考えずにはいられない(44)。

〈語ることと歌うことはかつて同じことであった〉とストラボンは言う。さらに彼はこう付け加える。〈このことは詩が雄弁の源泉であったことを示すものだ〉と。どちらも同じ源泉をもち、最初は同じものにすぎなかったと言うべきであった。初期の社会相互の結びつき方を考えれば人々が最初の物語を韻文で書き、最初の法律を歌ったというのは驚くべきことだったろうか。最初の文法家たちがその技術を音楽に従属させ、同時に文法と音楽の教師でもあったということは驚くべきことだったろうか(45)。

はじめの歌を地上に連れ戻してくるかぎりにおいて、ルソーの言葉＝音楽は、プラトンが恐れた模倣の散乱をそこにもたらしてもおかしくはない。しかしデリダが詳細に分析したように、ルソーにあって、言葉を形成する声（声の音程体系）と歌を形成する声（音楽の音程体系）の間にははっきりとした差異があると同時に、模倣の概念が両者を曖昧に調停していて、それらを同時に「根源的な声」のなかに保存している。ルソーの模倣はどんどん diabolique なものではなくなっていく（「模倣による美徳は猿真似の美徳であるが（……）、子供たちの習慣にさせたいと思うような行為は、模倣させせて、その結果やがては子供たちが分別と善への愛によってそれを行えるようにしてやることがどうしても必要である」[46]）。そして最後に「自然」が「美しいもの」に代わって、模倣と模倣されるものとの統一を観念的限界において実現する。「自然」が、解消されないままほとんど無に近づいていく差異を一手に引き受けるのだ。形式論理的にはしたがって、ルソーとプラトンの間にはそれこそほとんど差異はないのだが、周知のように、歴史的にはこの自然主義はロマン主義のな

(44) 以下、ルソーからの引用はデリダの『グラマトロジーについて』下巻（足立和浩訳、現代思潮社）により、同書中の頁数を示す。一〇九頁。
(45) 同書一四一頁。
(46) 同書一二五頁。この部分は『エミール』より。

かにそっくり受け継がれ、たとえばワーグナーもオペラの理念を提示するにあたっては一人のルソー主義者として振舞っている。「われわれが諸国語の発展の歴史を注意深く考察するならば、われわれは今日においてもなお、それぞれの語の根源にひとつの起源を見出す。（……）最初の人間の言語は歌と非常に類似していたと認めることは、さほど滑稽なことではないだろう」[47]。オペラの簡潔なワーグナー的定義とはしたがって、「音楽とポエジーの平等で相互的な浸透」によりこの一つの同じ「起源」を再現するもの、である[48]。ロマン主義はここで、あくまでもポスト・ルソー主義として自らを位置づけようとしている。しかし、芸術の美学体制が正確にどのようなものであったかを想起すれば、ルソーとワーグナーの間にはむしろ一つの断絶を認めるべきだろう。ワーグナーが引こうとした連続線はそれ自体が断絶の印であるのだ。というのも、ワーグナーにあっては、まさに彼のオペラ作品が声と音、言葉と音楽、詩と純粋器楽音楽の一致を提示するのであり、天才ワーグナーの手になる個々の作品が「根源の統一」を見えるよう、聞こえるようにするのだった。作品以前には、「ひとつの起源」は感覚不可能であり、この地上にはしたがって実在していない。失われた起源を再現する方法は、作品を存在させること、ただそれだけだ。そして作品の作り方については、天才がブラックホールのなかからその都度引き出してくるほかない。すなわち、一般的なものとしては存在しておらず、いかにワーグナーが古い民族的な旋律や神話を参照しようとも、それらは作曲に「素材」を提供するものでしかないのである。ところが、ルソーにおいて「自然」はそのようには機能していない。それは天才の無意識を発動させるものでもなければ、素材としてただそこにあるだけのものでもない。「自然」が観念的限界において模倣と模倣されるものを統一するとは、ルソーにあってはあくまで、実際の作曲方法を限定し、さらには指定するという意味だ。この「起源」は決して闇の彼方に失われてはいない。

「本当の歌を形成するために言葉を形成する音に欠けているのは、ただ持続性だけであるように思われる」[49]──〈お母さん〉はまだ歌ではないが〈おーかーーさーーーん〉はすでに歌である。煎じ詰めればそういうことである。各音節の母音を引き伸ばせば、それだけで歌になる。「全体がまとまりをなし、真に一つと呼ばれ得るためには、何かが前のものから後のものに伝えられねばならない」[50]。ある単語の一つの音節がそれ自体のなかに、次の音節がどういう音程比で発せられるべきかの指定を含んでいるとき、それこそがこの「伝えられねばならない」ものであろう。実際、旋律は言語から導出されるというのが、ルソー的な作曲の第一原理である。

各国民の旋律を規定するのは言語のアクセントである。人々が歌いながら語り、言語が多少

(47) フィリップ・ラクー＝ラバルト、『虚構の音楽──ワーグナーのフィギュール』(谷口博史訳、未来社)に引用。四八頁。
(48) 同書四九頁。
(49) デリダ前掲書一一〇頁。この部分は『音楽辞典』より。
(50) 同書一三四頁。これも『音楽辞典』より。

ともアクセントをもつのに応じて多少とも活力をもって語られるのは、アクセントのおかげである。アクセントがいっそうはっきりしている言語は、より生き生きした、より情熱的な旋律を生むに違いない。アクセントをほとんど、あるいはまったくもたない言語は、特徴も表情もない冷たい旋律しかもつことができない[51]。

イタリア語はフランス語よりも音楽的なので、そこでは言葉が歌から遠ざかることがより少ない。またイタリア語では、かつて話すのを聞いたことのある人間を歌でそれと知ることがいっそう容易である。ギリシャ語が最初はそうであったように、完全に諧調的な言語では、言葉の声と歌の声との差異はないだろう。人はまったく同じ声で話し、また歌うであろう。おそらく今日なお中国人の場合がそうなのである[52]。

中国に作曲家は不要である! 中国人に音痴はいない! ラテン語は音楽を殺してしまった……これが作曲方法である。「和声進行の画一性はこういったものを一切与えないだろう[53]」。ルソーにあって「根源の統一」は作曲に取り掛かる前に、すでに十分すぎるほど感知可能なかたちで我々の言葉のなかにある。自分がどのように話しているか、それに耳を傾ければ曲は出来上がるのだ。音楽学の知識は作曲家のこの自己聴取を助け、その結果を万人に伝達可能なよう記譜するためにあるだろう。そこでは音楽にかんするwhat(音楽とは何であり、何を曲にするか、極限において描かれるものは何か）とhow（いかに音を繋ぐか、組み立てるか）は不可分であり、両者をつなぐ規範が人間的自然として存在している。これは、芸術が美学的に成立したときに、その成立と引き換えに失ってしまったものだ。芸術の存在根拠たる欠如がなく、穴はいまだ埋まったままだ。ルソーはいまだに、ランシエールによる分類にしたがえば、表象的技芸体制 régime représentatif des arts のなかにいる。(54) 絵画にせよ詩にせよ、王を描くときには「王らしい」描き方が決まっていて、その「らしさ」にかんする最高権威としてアリストテレス『詩学』が奉られ、悲劇を構成する諸要素（言葉から音楽、装飾に至る）のヒエラルキーがそのまま諸技芸間のヒエラルキーになる体制から、頂点に君臨するホメロス的ポエジーを取り除き、そこに諸国民の言語を置けば、プレ・ロマン主義としてのルソー・レジームになるわけだ。言語から直接引き出されてくる要素として、ルソーが音楽のなかで最重視する旋律は、実際、古典主義絵画における輪郭の相同物として説明されている。「旋律は、まさしくデッサンが絵画において果たすことを音楽において果たす。それはフレーズ（輪郭）や音型（かたち）を記し、その和音や音色は色彩にすぎない。だが旋律は音の連続にすぎぬと言わ

(51) 同書一三八頁。
(52) 同書一一二頁。
(53) 同書一三五頁。
(54) この体制については何よりも彼の *Le partage du sensible* を参照のこと。

れるかもしれない。たしかにその通りだ。しかし、デッサンもまた色彩の配列であるにすぎない。雄弁家は自分の文章を書きとめるのにインクを使う。だが、インクがひじょうに雄弁な液体だと言うべきであろうか[55]」。

　模倣を最終的に無化して〈はじめの歌〉を鳴り響かせんとするかぎりにおいて、ルソーはプラトン的な倫理的模像体制 régime éthique des images[56]（そこでは模倣することが良いのか悪いのか問われる）を信奉し、模倣の仕方を特定するかぎりにおいて、彼はアリストテレス的な技芸体制（そこでは模倣は技芸として承認されるかわりにルールを課される）のなかにいる。

　ルソーの音楽的自然主義は周知のようにラモーの和声論との対抗関係のなかで練り上げられていった。和声体系に支えられた調性が芸術音楽の主流をなしていくその後の展開を思い浮かべてみれば、すでに新しい体制に足を踏み入れているラモーといまだに古い体制にしがみついているルソー、という対比関係が明瞭であるように思えてくる。ルソーにとって我慢ならないラモーの「欠陥」――和声の形式主義は旋律に枠をはめるだけで、「イマージュで精神を触発し、感情で魂を動かす[57]」旋律を生まない――は、芸術音楽に固有の不在をラモーがすでに先取りしていた指標とも受け取れる。しかし、ことはそれほど単純ではない。転調の自由を保証する一二音平均律と協和-不協和の関係を規定する和声「法則」、言い換えるなら、音の空間内に設定された〈オクターブ〉という同一性原理のほうが、アリストテレス詩学の規範に忠実である面をもっているからだ。この規範が悲劇に求める順序は次のとおりであった[58]。まず第一に「筋」すなわち「出来事の配列」。あくまで第二に、登場人物たちの「性格（エートス）」。そして第三に「思想（ディアノイア）」すなわち、それぞれの場面で相応しいことを「語る能力」であり、第四にその相応しいことを「言い表す仕方（レクシス）」。ここまでがいわば言葉の組立てにかんする規則であって、狭義の音楽は第五番目に位置づけられているにすぎない。言葉の組立てにかんする規則は、構造ないし関係（「配列」）を要素あるいは項（「性格」）に優先させ、この順序関係でもって、場面ごとに何を如何に語るかを規定しようとするものだ。人物の「性格」は彼が「何を語るか」、すなわち彼のディアノイアにかんする構造として作用し、そのディアノイアは彼の「如何に語るか」、レクシスに対し構造として、また作用する。入れ子状の〈構造―要素〉関係、これがアリストテレス的方法の実質であり、彼がほとんど何も述べていない音楽も、当然、それを踏襲すべきはずである。一二音平均律と調性の構造が、使用可能な音を決める。このとき、次にその音が継起する順序、旋律をどう決めればよいのか？規範が語るのは〈上位の構造―要素関係に類比的に〉。ここまでであろう。表象的体制にあっては、ミクロな構造―要素関係とマクロなそれの間に類比関係を打ち立てる、あるいは二つの関係を〈照

（55）デリダ前掲書一三二頁。
（56）これについても *Le partage du sensible* を参照のこと。
（57）デリダ前掲書一三七頁。
（58）アリストテレス、『詩学』第六章。高田三郎訳、河出書房新社、「世界の大思想20」。

応〉させることが問題であって、それ以外に規則が介入すべきところはない。諸技芸 arts は、それぞれ悲劇の内部ヒエラルキーを〈反映〉し、また全体として同じヒエラルキーを〈反映〉する。表象される what と表象の仕方 how は共にそうした〈照応〉なのだ。そこでの旋律は、ルソーが考えたように（「旋律は、考察される仕方に応じて二つの相異なる原理に関係する」[59]）、和声原理とは別の原理によってコントロールされる必要がない。権利上同等である二つの原理あるいは構造が、一つの音要素の決定にあたって並び立つ事態は想定されていないのである。ルソーの目に映るラモー・システム内の未決定要素、欠如は、構造が可能にする自由度にすぎないだろう。和声原理にとり旋律は、規範的にはもう十分に規定されている。

ルソーは実のところ、和声原理をもう一つの原理としてさえ受け入れていない。周知のように彼は平均律ではなく純正調を採用しており、そこではオクターブの同一性が維持されず、転調は自由にはできず、したがって和声原理は貫徹されえない。純正調はあくまでも、音の幅の同一性より個々の音の正確さを優先させ、その点における客観性を〈自然〉であることの証とする。ラモーとルソーの対立は結局のところ、音空間を支配する同一性原理を構造（オクターブ）に求めるのか、それとも個々の音に求めるのかにあり、これは音楽をめぐって表象的体制内で闘わされている覇権争いだとみなすことができる。まるで一般意志と個別意志の相克であるかのような。続く美学的体制は徐々に、しかし確実に、その両方ともを「原理」の位置から引きずり下ろしてしまうのだ。

4 真似られる沈黙の歌
～美学革命による美学体制の定置

諸技芸のヒエラルキーが崩壊し、芸術が自立するとき、つまりそれぞれのアートの「如何に」が表象対象の性格から解放されて自律性を獲得するとき、歌はどうなっていくのか。ルソー的な規範、その作曲〈方法〉は言うまでもなく崩れる。言葉と音楽を繋いでいた、言葉に内在する音楽（意味をもつ音程変化）が消え失せ、歌は、音楽性を欠いた詩と言語的意味をもたない音楽に分解される。これが芸術としての音楽の自立ということの意味でもある。

この点において、カント美学における諸芸術のヒエラルキーはみごとなまでの過渡性を示している。そもそも、美学でありつつアリストテレスにならってartsを（単なる分類でなく）価値づけようとするところにカントの過渡性は十分見て取れるのだが、彼が古代哲学者と同じように諸芸術の最上位に置く詩は、実際、音楽をいったん自分の近くに引き寄せておきながら最終的に遠ざけ

（59） デリダ前掲書一三七頁。

る、という奇妙な振る舞いを見せている。「すべての芸術のうちで詩の芸術（ほとんどもっぱらその源泉を天才に負い、指令あるいは類例によって導かれることを最も欲しないところの）は最高の地位を固守する」――「魅力と心情の動揺（感動）が問題にされれば、詩についで、私は、言葉の芸術のうち詩に最も近く、それときわめて自然に結合される芸術、すなわち音楽を置きたい」――「しかし半面、様々の美的芸術の価値をそれらが心情へもたらす陶冶 kultur の上から評価し、判断力のうちに認識の目的のために集まらねばならぬ諸能力を拡張させることを標準にとって考えれば、そのかぎりで音楽は単に感覚をもって戯れるにすぎないのであるから、美的諸芸術の間で最も低い位置にある（あたかも諸芸術が同時にその快適さにしたがって評価されるならば、おそらく音楽は最高の位置にあるように）。この点では造形芸術がはるかに音楽の上位に立っている」[60]。音楽の位置づけ難さ、音楽の動揺、音楽の彷徨いが、ヒエラルキー全体の崩壊を予感させる。「概念を離れ、まったくの感覚をとおして語り、詩のように反省へ材料を残すことのない」[61]音楽の存在が、心情諸能力の合目的的一致としてかろうじて残っている価値づけの枠組みそのものに、「厄介」をもたらす。「音楽はその影響を望ましい距離以上にまで（近隣へまで）撒き拡げ、そのようにしていわば無理強いに闖入して、音楽の集いの外部にいる人々の自由を奪うのである」[62]。つまり永続的な印象も、反省材料も、したがって文化も与えることのない音楽は、たとえ快適であっても同時にその本性においてうるさい。それは自然の合目的性を感覚させることには役に立たないのだ。和声と旋律が「言語の形式のかわりに」感覚の調和を厳密に数学的に統制しているように思えても、そもそもここで援用される数学のほうは「不可欠な制約にすぎず」、「音楽の惹き起こす魅力と心情の動揺に数学が少しも関与しないことは確か」である。[63] せめて絵画の構図のようであったなら！かくして音楽はカントにあって、確かに諸芸術のなかにありながら、すでにその外に一歩踏み出している。

　こぼれ落ちた音楽を拾い上げるのがショーペンハウアーである。固有の場所をもたず〈意味〉をもたないことが、彼には音楽こそ〈意味の意味〉たる〈意志〉を直接表示している証となる。それは「活発に動き回って我々に直接に語りかける霊」のようなものであり、「いかなる場合でも人生とその事象の真髄のみを表現するのであって、諸々の事象自体を表現するのではない[64]」。音楽はあれこれの喜び、悲しみ、苦しさ、等々を表現するのではなく、喜びそのもの、悲しみそのもの、苦しさそのものを無媒介に提示する。それは「最高度の普遍的な言葉で、それが概念の普遍性に対してもつ関係は、概念が個物に対してもつ関係とほぼ同じ」であり、あらゆる〈現象〉に対して〈物

（60）三つの引用はそれぞれ、カント、『判断力批判』五三節（坂田徳男訳、河出書房刊「世界の大思想11」）二七二、二七三、二七四頁。ランシエールの«La métamorphose des muses»も参照。
（61）同書二七三頁。
（62）同書二七四頁。
（63）同書二七三―二七四頁。
（64）ショーペンハウエル、『意志と表象としての世界』、磯部忠正訳、理想社、Ⅱ巻一八五頁。

自体〉を表す[65]。「世界は意志の具体化である」と述べても「音楽の具体化である」と述べても同じであり[66]…… 音楽はほとんどプラトンのイデアであるわけだ。しかし歌の観点からは、大きく異なっている。プラトン的な〈はじめの歌〉は決してこの地上で人間の耳によって聞くことができなかった。しかし、ショーペンハウアーにとって音楽はあくまで今ここで鳴っており、いまだあれこれの事象、概念に縛られた歌詞が消えるときに、〈歌の歌〉として人々に直接語りかける。具体的には何も語らないがゆえにすべてを語るという〈反対物の無媒介の一致〉を、音楽は実現するのである。ランシエールの概念区分にしたがえば、このとき芸術の美学体制が、美学革命という自己意識のもと定着される。あれこれの音楽、誰それの曲はそれ自体が沈黙の歌にほかならず、人は歌詞が聞こえないとき、歌詞が存在していないときに、鳴っている音の向こうにこの歌を聞いている。音楽が言語に結びつこうとするときには、「音楽が自分の言語でない言語を用いて話そうと苦労している[67]」のであり、〈喜びの歌〉を「霊」から直接に聴き取るにはドイツ語を理解していないほうがむしろいい。動物の腸と木箱の出会いを前にしたヴァッケンローダーの素朴な驚愕（芸術の美学体制成立の指標である）が、音楽をイデア化するこうした美学革命の思想を準備するが、美学革命がなければ小説家の驚愕はけっして言表化されることはなかったろう。美学革命は、芸術の美学体制が強いる「無媒介」という緊張関係への哲学的反応であり、かつ同じ「無媒介」を感覚的に先導する。

　諸芸術のヒエラルキーが崩壊することによって、解き放たれた音楽がこのように浮遊し遍在する霊になったのか、それとも逆に、音楽の自立と自律がヒエラルキー崩壊の引き金となったのか、それはどちらを正解としてもほとんど意味のない問いだろう。封建制が崩壊して資本主義になったのか、それとも資本主義が封建制を崩壊させたのかと問うのと同じことであり、歴史をめぐるヴィジョン次第でどちらも正しい。そしてどちらが正しくとも、次の事実は動かない。諸技芸がすべて芸術として自立し平等になることと、音楽が特権をもつことは矛盾しないどころか、正確に同時であったのだ。ここに、〈第一美学〉たらんと欲するランシエール哲学[68]が一つの〈音楽の哲学〉でなければならない歴史的な――あくまでもその哲学が描く歴史においての――理由が存在する。

最終的に表象すべき〈詩〉がなくなることにより、近代芸術の歴史をざっと想起してみれば分かるとおり、文学はエクリチュールを主体かつ対象とするようになり、絵画は世界の何かをではなく、自分が見せるものを見せなければならないようになり（光はその最初のものだ。それはなによりも「見せるもの」である）、音楽は標題音楽から絶対音楽になった。美すなわち、何があるものを芸術にするかについての最も一般的な回答は、芸術それ自身が与えるべきもの、芸術作品の管轄事項と

（65）同書一八六頁。
（66）同書一八七頁。
（67）同書一八五頁。
（68）本書第一章三節、四節を参照。

なった。何が文学であるかは文学以外に答えようがなく、何が造形芸術であるか、何が音楽であるかも同じことだ。芸術のための芸術という標語は、スタイリッシュな目標である以前に、新しい体制の在り方にかんする記述にすぎない。しかし完全なる自律はそれ自体が他律の指標、他律への開口部をなすだろう。秩序を与えるものが内部にはないのであるから。そしてその外部は、諸芸術の平等、規範的〈詩〉の不在を前提にすれば、何も指令を与えず何も語らないことが指令と語ることの中身に一致するという逆説自体でなければならないはずだ。これは美学革命により〈物自体〉になった音楽の定義そのものである。それぞれの音楽が聴かせる〈歌の歌〉の定義そのもの、霊である音楽そのもの。文学は言語を用いるかぎりいまだ何かを言っている。造形芸術は抽象的になればなるほど「コンセプチュアル」になる。これに対し、言葉から切り離されていることが構成要件である音楽は、言ってみれば、最もたやすく何も語らないでいることができ、自らを純化するためにはどんどん何も語らないでいるようになるべきであり、それが媒体として用いる音響は、その非言語性により音響として自己主張する。空間的実在を欠いていては、象形文字にさえならないだろう。ならなくてすむし、なることができないだろう。

多くの文学はそんな音楽をモデルとし、そんな音楽に作品を近寄せようとしてこなかったか？ 音楽家が自らの特権をかつての詩人のように自己主張せずとも、他の芸術家が彼を持ち上げてくれなかったか？

たとえばボードレール。彼のワーグナー礼賛は実際、度を越している。「我々の生よりも広大なひとつの生の尊厳のすべてを、私は感じました。それからもうひとつのこと、私はかなり奇異な性質の、ある感情をたびたび感じましたが、それは理解すること、我が身を浸透され進入させるにまかせることの誇りと快楽であり、本当に肉感的な悦楽、空気のなかを上昇したり海の上を浮き流れたりする悦楽にも似たものです[69]」。ボードレールが感じたのは、詩人としての彼自身を、すなわち自らのポエジーを武装解除されて、敗北を喫する詩人としての喜悦だ。彼はイタリア座の演奏会に「かなりの悪意をいだいて」赴いたのであり、ところが結末は、認識の軌道修正や天才への嫉妬以上のもの（「浸透され進入させるにまかせることの誇りと悦楽」）であり、ほとんど真理の啓示を前にした宗教的熱狂である。ワーグナーには、ポエジーの真理がある！「こういうふうにして私はこの手紙を終わりなく続けていくこともできるでしょう[70]」。ラクー＝ラバルトが指摘するとおり、ここでは書くという可能性そのものを音楽が無限に越えている。ワーグナー体験を通じ、ボードレールはポエジーの目標が結局のところ一種の音楽であると考えるようになる。しかし、では詩をやめて音楽を書くべきであるのかというと、そんなことはない。詩の真理はあくまでも詩の真理であり

(69)「リヒャルト・ワーグナーへの手紙」、一八六〇年二月一七日、前掲『ボードレール全集Ⅱ』、三九〇頁。ラクー＝ラバルト前掲書も参照。
(70) 同書同頁。また同じく、ラクー＝ラバルト前掲書の第一章「ボードレール」も参照。

続けている。「リズムも韻も欠いてなお十分に音楽的であり、魂の叙情的な動きにも、空想の波動にも、意識の身震いにも適応しうるほど柔らかくかつぎくしゃくした詩的散文の奇跡というものを、青春の野望にみちた日々において夢見ることのなかった者が、私たちのうちにいるだろうか」[71]。いかにも詩である韻文、いかにも音楽のようである詩ではなく、かたちの上ではむしろ散文であるものを、啓示された真理としての音楽は「私たち」詩人に書くよう求めるのだ。詩は、ワーグナーを通し音楽が和声法則から自らを解放しつつあるように、言葉の古典的音楽性から解放されねばならない。文学が音楽に与える特権は、文学に音楽から遠ざかるようにさえ要求するのである。

しかしモデルたる音楽の逆説的性格を誰よりも正確に捉えているのはプルーストだろう。書物は「沈黙の子」である。それは「言葉の子供たちとはいささかも共通するところがなく」、「精神の言語」によって書かれ、一つ一つのフレーズ、エピソードが「最良の瞬間の透明な実体」からなるとされる[72]。しかし書物のこうしたヴィジョンは、そこにとどまるかぎりいまだ象徴主義的、神秘主義的なものにすぎないと言うべきかもしれない。音が中断される一瞬の間に、精神の声＝始源の言葉を聞き取っているようなものだからだ。プルーストにとっても、現に「人類は別の道を採用した」のであり、『失われた時をもとめて』における「純粋言語」（フランス語でも英語でもない小説の言葉）が誰の「子」であるかと言えば、それはむしろ、作曲家ヴァントゥイユ嬢の音楽をヒエログリフとして解読する彼女の友人の「子」であろう。小説の全体は「光の粒子からなる」不可能な書物のメタモルフォーズであり、その粒子は彼女の七重奏が繰り出す7×X個の音でもある。どこにもない音楽を

「連れ戻す」ところ、それがプルーストの書物だ。[73] ワーグナーでもフォーレでもなく、存在しない音楽の翻訳である書物。聞こえると聞こえないの一致である音楽に、書物はなろうとする。書物は虚構の音楽に跪き、それに奉仕することにより、現実に存在する他の何ものからもの絶対的独立を得るのだ。無に律せられることにより、いかなる有の指令からも自らを解放する。とすれば、エクリチュールとは結局のところ、聞こえない音楽のことではないのか？ 朗読して聞く代わりに目を走らせて聞く「歌」では？

音楽はまるで芸術の守り神であるかのようだ。霊の声であることにより、芸術の霊になったかのようだ。諸芸術の間の不在の紐帯である、つまり、実在していないことで諸芸術の平等性を保証する結び目となった音楽は、近代的政治の遠いアナロジーを我々に与えてくれる。そこでは誰もが権利上平等で、同じ自由な主体であるものの、それを原理とすることの実質は、それが実現されていない現状を修正するというかたちでしか表れない。〈人権〉は人間諸関係を実定的に秩序づけるものではなく、現に在る関係にそれが不在であることにより、その関係を変えるようにしか働かない。

（71）「パリの憂愁」に序として添えられた「アルセーヌ・ウーセイに寄す」より。前掲『ボードレール全集Ⅰ』、二八二頁（訳文は若干変更を加えている）。ラクー＝ラバルト前掲書二二頁も参照。
（72）ランシエールの *La parole muette* による。同書一六五―一六六頁参照。
（73）同。

それは現在を未来から基礎づけているだけなのである。無いものを前にしての平等が、穴を埋めるという目標を現在に充填する。とすれば、〈プロレタリアート〉こそ政治における音楽の類比物であろう。生産手段から切り離され、自らが作り出した富を奪われ、鉄鎖以外に失うものをもたないこの階級を特徴づけるのは、現在における「無」だ。「完全に発展したプロレタリアにおいて、人類全体の抽象化が実質的に完成する。それは人間という見かけの抽象化（＝消滅）でさえある。（……）プロレタリアにおいて、人間は実際自らを失ってしまうのだ。しかし彼は同時に、この喪失について理論的意識を獲得する。（……）個々のプロレタリアートではなくプロレタリア全体が、どのような目標を今思い描いているのかを知らねばならない。プロレタリアとは何であり、この何であるかに応じて将来歴史的に何をなさねばならないかを知らねばならない」[74]（『聖家族』）。プロレタリアートとは、今日の無であり、将来なすべき革命によって現在の存在が定義づけられる者の名である。今日的などんな属性、どんな場所、どんな〈アイデンティティ〉も有さず、純粋な〈喪失〉として、ただ革命だけを行うべき唯一のこととして承認される者。『タンホイザー』がボードレールの耳に鳴り響いているように、彼らはここに存在している。しかしヴァントゥイユ嬢の七重奏曲のように、彼らの場所はここに無く、〈普遍〉の名において異次元に移動させられている。

これは、人間の在り方としてはかなりグロテスクだろう。[75]今、実際に何をしているかについてはまったく省みられることなく、これからなすべきことによって、現在が一〇〇パーセント決められてしまうのだから。夜、プロレタリアは明日の労働に備えて寝ているはずの存在であって、彼らが深夜に耽る夢想的詩作は彼らの〈社会学的〉存在規定にはいささかも関与しない。そして昼間の労働は、将来の革命に場所を空けておくべく、彼らに〈無〉をもたらす（＝何ももたらさない）。プラトンは靴屋には靴だけを作っているよう求めたが、革命しかやることがないというのは、この靴屋よりもまだ厳しい存在の仕方である。靴は日々、彼の手元で生産されていくものの、革命は個人としてのプロレタリアが生きているうちに成就されるかどうかさえ心もとなく、この生産物はときに生命の犠牲さえ要求するのだ。

音楽にあっても、アドルノにより〈進歩〉を体現させられたシェーンベルクは、実際、調性からの解放を主体の自由として音楽にもたらした後、同じ批評家により「現代社会における徹底した疎外、完全なる客体化」の犠牲者にされなかったか？　「おのが産物の堅牢な構造以外にはなにひとつ気にかけないドイツ流の「よき音楽家」という、専業的な理想を固執する純朴さは、どれほど堅固な客観性をもちながらも、絶対的自律性が他律的なものへ、つまり物質めいた溶解されぬ自己疎外へ移行するという罰を受ける[76]」。まるで他に自律をもたらす栄誉と特権を与えられた者は、現在

（74）ランシエールは *Le philosophe et ses pauvres*（『哲学者とその貧者たち』）において、マルクスのこのフレーズについて詳細に注釈している。同書一二一頁。ここでの引用も同書による。
（75）本書第一章一節も参照のこと。
（76）アドルノ、『新音楽の哲学』、渡辺健訳、音楽之友社、二六五頁。

における生き生きとした生、行動の自由を誰よりも失わねばならないかのように。彼には自己犠牲か、硬直化して老化する以外の道は与えられないのだ。しかし、ここに弁証法的な必然あるいは運命を読み取る必要はない。それは単なる趣味判断の帰結にすぎないとも言えるからだ。音楽にもっぱら「来るべき社会の代理人(77)」たれと期待する、非音楽的で文学的で〈美学的〉な判断あるいは臆見の。趣味の体制に可能であるのは、富の強奪ではなく感覚の簒奪にすぎない。趣味により奪われるのは、あるいは正確に言えば「無い」ことにされるのは、なによりも、主体が革命以外に現在何かを行っているという事実、声に出してうたっている歌、である。主体は、権利や崇高な歴史的任務をもつ代わりに、うたわない存在にされてしまった。音楽は歌の歌として芸術的主体を教導するようになったが、主体は散文のなかにその歌を翻訳するだけの存在になってしまった。他に何をしていてもだ。うたっていても、である。

あくまで弁証法的な「反対物への転化」と捉えられた〈自律から他律への移行〉と、芸術の美学体制において音楽を要として実現される〈自律＝他律〉、そして模倣が見せる〈自律と他律の不分明〉は、それぞれ似て非なるものである。模倣にあっては、ことは他律からはじまる。演技者が鳥や犬の声を真似、舞台が雷鳴を再現するとき、さらには彫刻家が神に似姿を与えるとき、それはすなわち原像を目標に戴き、原像に感覚‐運動を服従させることにほかならない。模倣とはそれ自体が他律の受容であり、したがって奴隷の仕事に通じるからこそ、ポリスの市民はそれに耽溺してはならない。模倣者は追従者の域、ソフィストに翻弄される者たちの域を出ることがないだろう。しかし模倣の行為は模像に自立した存在を与え、存在そのものを二重化し、模倣者にまで二重の存在を与えてしまう。彼は自分自身であると同時に彼が真似るものになるのだ。原像と模像の間にどれほど価値の序列が設けられようと、この二重性の自立が模倣の自律を呼び込む。プラトンはそれをこそ恐れたわけだ。禁じなければならない、コントロールしなければならないという事実性が、自律を証言する。存在が分裂し、模像が在ってしまえば、どこへそれが運ばれるかは原像の統制が及ぶところではないのである。偶像は人が神を自由に持ち運ぶために作られる。これに対し、芸術の美学体制においては、もはや模倣は原理的に存在しない。芸術家は対象を模倣せず（シミュレーショニズムはあくまで「社会批評」であって、シミュレーションを規範にしているわけではない）、対象は自らのどのような描かれ方も芸術家に指定しない。それぞれの芸術領域や作品は自立しており、他存在のあり方を自身の規範とすることはない。芸術は自律するよう促されるのであり、そうした自由、他からの切断を、何も語らないからすべてを語りうる絶対的自由をもった音楽、何ものにも指示されてはならないという最も過酷な命令を何も指示しないことで発する音楽が、強いる。他律と無媒介-直接的に一致する自律。作品を生み出す同時的で構成的な緊張関係としての自律＝他律だ。

（77）同書二六八頁。

弁証法はそこに時間的な継起とその反転を持ち込む。主体はまず解放されて自由になり、その自律性を次第に硬直化させて、老化の挙句に客体や他の主体に服従するという展開を見せるのだが、〈反省〉が、解放はすでに隷属化であったと告げに来る。解放の結果生まれる自由、真空は、未来の他律を予示しており、したがってすでに一つの他律である、と。この「すでに」が次々に作動して、他律は次なる自律であることを保証される代わりに、今ここの自律であることは永遠に禁じられる。模倣は、それ自体で自律性をもちうるもの、新しい様式を生成させる可能性としては承認されないのである。アドルノにとり、ストラヴィンスキーのプリミティズム（アフリカ的なものの模倣）はいかに興味深くとも〈復古〉でしかない。ことの順序はあくまでも自律から他律へであり、「つねにすでに」の反転機制だけがこの移行を司る権能を有しており、自ラノ意志ニヨリテ他律へと方向を変えることは許されない。アドルノにとり、それは単なるマゾヒズムにすぎず、規格化を愛する〈ジャズ－主体〉は「インポテンツ男性同盟」に逃げ込むほかないのだった[78]。

時間のない流行。アドルノがジャズを特徴づけた言葉である。一九五三年にジャズと呼ばれて分析の俎上に上せられる対象は、今日ではポピュラー音楽の呼び名で括られる一般性の下にある。楽曲形式上の特性により音楽全般を分類して取り出されたジャンルというより、程度の差はあれ「売ること」と最初から結びついて作られる音楽の名称である。アドルノは件の論文を書く前に、あくまでも音楽学者としてジャズを分析することを試みたものの、結局それは無理かつ無意味だと考えるようになった。一九三〇年代のことである。これが「ジャズ」であるというような厳密に音楽理論上の特性は存在していない、それが彼に分析の方向転換を行わせた最初のアプローチにおける結論だった。この方向転換のおかげで、資本主義の時代に芸術の外に置かれる広大な音楽領域をめぐり、最初の理論的考察が可能になった。それをさらに〈歌〉と言い換え、〈模倣〉の能産性を主張して、前衛主義者でハイ・カルチャーの守護神たるアドルノから擁護することがここでの問題なのではない。ランシエール的視点からすれば、自律的芸術音楽と他律的大衆音楽の対比は、そもそも芸術を自立的に成立させた機制と相容れない。芸術は非芸術との対立ではなく一致を通してしか芸術ではありえず、その芸術のなかでは、すべての作品がある特殊な機制を通じて音楽で「ある」のだ。とすれば、芸術音楽こそ非芸術―大衆音楽で「ある」だろう。実際、アドルノが芸術音楽に特有のものとした構造的で批判的な聴取はすでに十分ポピュラー音楽のなかに浸透しているし、新しい芸術音楽はほとんど作られず、大衆音楽こそ「進歩」に駆り立てられ、その世界に棲息するとされていた「通」たちはいまや音楽世界全体に溢れ出ている。「外にあるものへの憧れは抑圧されて、こらえ切れない憎悪となり、消息通の知ったかぶりと、自分は幻想をもたないぞという自負とが対になった素振りになって外に表れる。思い上がった陳腐な言い回し、疑う余地のない確実性としての皮相的現象への囚われは、あらゆる自己省察を不実にも拒否することを聖化する」[79]。ドン・ヴァン・

(78) アドルノ、「時間のない流行」、『プリズメン』一八五、一九一頁。
(79) 同書一八八頁。

ブリートが「ぼくちゃんが最高意識」と呼んだ態度である。つまり、非弁証法的性格ゆえに大衆音楽を〈時間のない流行〉と呼ぶアドルノは、ただ一つの修正を加えれば圧倒的に正しい。この時間のなさは芸術体制そのものの時間性にほかならないという修正である。非芸術との一致における無媒介性、自律=他律の直接性が招来する「時間のなさ」。しかし、弁証法家にとっては本来、非弁証法的に見えるものは文字通り幻にすぎないはずであり、その意味ではアドルノは〈時間のない流行〉がやがて芸術音楽のほうにも押し寄せてくると予感していたかもしれない。いずれにしても、件の論文の結論は、彼のロジックに逆らって正しいということになる。「ジャズは芸術の間違った清算である。ユートピアは実現されたが、その代わりにそれは画面から消えた[80]」。清算は芸術のほうから、そもそもの最初からなされていたのである。ジャズが登場するまでの時間は芸術にとって存在していなかった。

時間のない流行は、コンセンサスの政治の源泉となる。無根拠ゆえに正しいというところにまで進む趣味の聖化は教養や対話とは無縁であるように見えるものの、消息通の教養を育み、こらえ切れない憎悪を押し隠す他人への「クール」な態度をもたらす。孤絶した趣味を守るためにこそ、対他関係においてはコンセンサスによりことを運ぶほかないのだ。独断と対話が分割されて接合される地平を、時間のない流行は作り出す。プラトンが音楽の抑圧を通じて作り出そうとした地平を、音楽が切り拓く。「彼ら（=ジャズ・ファン）にとっては、所属していることそのもの、すなわち同一化が重要なのであって、そのつどの内容について大騒ぎする必要はないのである[81]」。同時に二つの仕事をやりさえしなければ、靴屋であっても農夫であっても「内容」は何でもよかったのと同じように。プラトニズムはまた対話の何たるか、したがってコンセンサスの何たるかを教えてくれている。同時に一つのことしか行わない人間たちの対話とは、実のところ「教育」であって、合意とは真理の相互承認にほかならないのだ。コンセンサスが必要な状態にある者たちにとって、そのコンセンサスの中身は実はすでに決まっている。相反するのが利害であるなら、できる者が「計算」すればおしまいであろうし、コンセンサスが必要なとき、人はすでに「量」の地平のなかにいる。たとえそれが外延量ではなく、真である度合いという内包量であったとしても。そして計算により導かれる結論は、あらかじめ決まっているから正しく、誰からも受け入れ可能である。時間のない流行は、設問と解答の間の理念的時間をゼロにするのである。コンセンサスを得るのに時間がかかるのは「頭の悪い奴がいるから」にすぎず、その現実的時間は〈専門家〉が教養教育により短縮を図るべき時間となるだろう。芸術か否かを問わず音楽の世界を構成する人間の形象は、〈専門家〉〈生産者と批評家〉と教養ある〈愛好家〉と無知な〈大衆〉であって、これはそのままリベラルな政治世界の理念的形象である。文化とは人間をこれら三つの形象に分類する営みにほかならず、異文化間の対話はそれを前提に、また同じ前提をいっそう強化するように行われる。

---

(80) 同書一九六頁。
(81) 同書一八八頁。

そこから排除されるのが、模倣はそれ自体で思考の一形態であるという可能性である。思考としての〈歌〉である。大衆音楽としてのブルースやゴスペルを〈魂の音楽《ソウル》〉と呼んで聖化することと引き換えに、そこから態よく知性の印だけは除いておく〈文化人＝教養人〉の態度に、この排除の典型が認められるだろう。そこに「野生の思考」を発見できるとしても、この思考が〈専門家〉のそれと本質において区別されるブリコラージュに止まるなら、無垢としての無知の聖化とそれほどの違いはない。「我々の思考」と「彼らの思考」が連続している可能性は排除されるのだから。芸術体制の内部においては、生の断片を愛でるロマン主義的な美的態度からショーペンハウアーの超越的音楽を経て、芸術と非芸術が明示的にリミックスされる現代の混沌にいたるまで、ランシエールによれば「経験的にはあちこち彷徨うが理論的には一貫した線を引くことができる」[82]。この連続線はモダンとポストモダンの区分を消し去ると同時に、プラトンが抑圧を、アリストテレスが訓化を図った模倣を、自らの「下」に配置する。その上を、模倣が原理的に存在しない場所、模倣が規範的にも反規範的にも効力をもたない場所として囲い込むことにより、模倣に芸術以前的、思考以前的な「劣った」場をあてがう。プラトンが恐れ、アリストテレスが一活動領域全体（技芸）を定義する名称として回収したものは、下らないものになったのである。ブーレーズが証言しているとおり――「サティはあの先触れを探し回る人（ブリコルール）の典型を示している。彼の行動指針の多くは、長い彼の生涯の間に正しいことが証明されたが、そうなるや、突然の買いかぶりに狼狽させられて、彼は過度な光によって目をくらまされた夜行性の昆虫のように右往左往したのだった」[83]――「サティ？　私にとっては何でもありませんね。好奇心旺盛な男というだけで、私はいつも（……）小発明家になぞらえてきました。それ以上ではありません」[84]。家具を模倣する音楽を真剣に考えることは、特異ではあっても、ドビュッシーの「真に美的な意味をもつ」独創性には及ばない。「特異性と独創性は、にわか仕事（ブリコラージュ）を製造（マニファクチュール）から区別している深淵によって分け隔てられている」。たとえ、「にわか仕事のなかに恐らく製造の出発点が存在するのだということは忘れないようにしよう」という留保がつけられるにしてもだ[85]。下に置かれることで奪い去られるのは、形式を生成させる能力である。ブーレーズにとり、サティの特異性はサティ以外には利用できないという意味での特異性、つまり他人に認知可能な形式を欠いているという不在を示し、その点において、あくまで形式上の概念である独創性から区別された。しかし、たとえブリコラージュ概念の実際の発案者であるレヴィ＝ストロースにはそのような意味の区別はなかった[86]という事実をとりあえず棚上げにするとしても、模倣に形式生成能力がない、そ

(82)　«La métamorphose des muses», p.33.
(83)　ピエール・ブーレーズ、『参照点』、笠羽映子・野平一郎訳、水声社、五二頁。
(84)　ピエール・ブーレーズ、『エクラ／ブーレーズ　響き合う言葉と音楽』、笠羽映子訳、青土社、一〇九頁。
(85)　ここまでの三つの引用はブーレーズ、『参照点』、五三頁より。
(86)　レヴィ＝ストロース、『野生の思考』（大橋保夫訳、みすず書房）「第一章　具体の科学」が読み直されるべきである。彼によれば「構造を作り上げる」という点ではブリコラージュと科学的思考は同じであり、ただそのやり方だけが異なっている。

うした能力としての思考がないという断定は、端的に奇妙だろう。それこそブルースは言うに及ばず、どのような民族音楽を取り上げても、模倣はむしろ集団で形式を生成させるプロセスそのものだ。そんなことを民族音楽にもかなりの注意を払っていた作曲家が知らないわけもなく、問題は要するに何を思考形式として認めるか、どのような言語で記述されているものを音楽形式と承認するかにある。アドルノも彼にとって承認済みの音楽言語に照らして、ジャズは音楽形式ではないとみなしたのだった。サティにあって、家具のようである音楽、〈胎児の干物〉のようである音楽、音を模倣する音である反復は、芸術以前である以前に、ある芸術的形式概念からの脱出の試みであるだろうし、そうした意味での芸術以前的領域に属しているだろう。そして芸術の美学体制は、まさにこの領域を〈生〉と名指して芸術が直接的に接合すべき場所としていなかったか（スタンダールを想起すべきである）。つまり実のところ、模倣は、下位に置かれ認知されないまま、たえず実行されてきた〈方法〉であるのではないのか。あくまで芸術以前的で、出来上がった芸術からは見えないような。

　現代美術の牙城にしてＩＲＣＡＭの親組織でもあるポンピドー・センターで開催されたはじめての電子音楽の展覧会（Sonic Process, 二〇〇二）は、歴史上存在してきた様々な電子的〈音楽・映像・インスタレーション〉のいかにも壮大なブリコラージュだった。演奏会ではもはやなく、それ自体が一個の〈アール・ブリュット〉のように設営されたブース群（大型家具のようだ！）が奏でる音楽会。なにしろ権威あるセンターでの催しなのだからそこに知性が働いていないとは誰も言わないのであれば、特異で偏執狂的なサティにも集団的で情念的なブルースにも同じ知性が働いていなかったとは誰も言ってはならない。しかし、芸術体制がどうやらある種の知性にかんしてはそれを認知できないようにする仕組みであるのは確かなようだ。おまけに芸術以前的なところで作用するその知性のほうでも、芸術の〈方法〉としての認知を求めることはない。それは、芸術がある前から存在しているのだから。

第三章　鳥たちのブルース

1　音楽が歌である偶然と必然

血の川を渡り虚無の一滴を飲み干したとき、
おまえに最初である名前が名づけられるだろう

——水谷孝、〈夜、暗殺者の夜〉(1)

歌を伴わないどんな種類の音楽であっても、次第に引き込まれていくとき、全身が音に包まれ音に溶解するかのように感じられるなか、ああ、うたっている、と思える瞬間が訪れる。弦の振動が肉声の震えに聞こえ、管が繰り出す空気の共鳴が喉から搾り出されたかのように錯覚され、打楽器が心臓の鼓動と見分けがつかなくなるばかりか、それに触発され、自分の身体がうたいはじめている、と。作曲家でも演奏者でも聞き手たる私でもなく、今ここで「人」が何かをうたっている、と。

(1) 水谷孝と彼のバンド「裸のラリーズ」についてはさしあたり次の二つを参照。『ミュージック・マガジン』、一九九一年一一月号、一一〇―一一五頁。『ロック画報』二五号(「特集・裸のラリーズ」)、二〇〇六年一〇月。

「人」はまだ私が何ものかという意識を手放せないから人であるとしたら、その同じ人が、鳥になっていく自分を感じていると言うべきかもしれない。そんな鳥の歌を聞きたい、うたいたい、鳥になりたいがために、むしろ実際の歌がない曲や、何をうたっているか分からない外国語の歌を選ぶこともあるほどだ。音楽のはじまりは歌であったろう。そう納得するのに歴史的あるいは心理学的な証明はいらない。ただ、耳を傾けるだけでいい。音に身体を同調させつつ聞き取られているのは、音楽のなかで言葉と音、ファンタスムと作品、感情や感覚とそれらの表現、そして歌と音楽が結節－分岐する地点であり、どのような曲であれ、個人的で主体的なある状態から出発して音楽が練り上げられ、かつ、その状態から分離して音楽が〈鳥の歌〉として成立するプロセスである。一種の恍惚のなかで発見される〈誰のものでもない歌〉。体験されるそこへの移行プロセスは単に個人や集団の歴史に還元できるものではないし、同じプロセスについて、音楽の発生に寄り添う主観的なものが、発生の結末たる「曲」のなかでは普遍的な美や間主観的感動に席を譲って消え失せると述べるだけでは不十分だろう。歌と音楽の結節と分岐が自明のものとして感覚される瞬間、主体的で自然発生的な要因と音世界の客観的構造の対立はあまりに粗雑で無意味なものになっている。音楽にあって、歴史と構造の対立はたえず実践的に無化される運命にあるのだ。歌から音楽への移行を注視する、あるいは音楽のなかに歌を感じ取るとき、我々は事実上ある一つの身を引き剝がすプロセス自体として音楽を定義しており、音楽を離脱以前の衝動によっても、離脱後の普遍性によっても受容しているのではないのである。どんな音楽であってもそれを嫌う人はいるだろうが、音楽のどんな感動も普遍的恍惚――「私」が「人」に、さらに「鳥」に解消される快――の性格をもっているだろう。しかし音楽をその普遍性によって分析的に定義することは職業的音楽学者以外にはいつもどこか空しく、それは学者の本性に由来するからというより、普遍性による定義は、ほかならぬその普遍性がいかにして個人性から身を引き剝がして成立したかをもはやまったく省みないからである。「〜の構造的特質を備えているからこの曲はすばらしい」という他人への説明は、まさに定義上、いかにしてその曲が主体的に生産されたかという点を無視するものでしかない。逆に作曲者が「〜の状態にあった（ブルーな気分だった、狂っていた、等々）」と述べても、これもまた何の説明にもならないだろう。作品を生産させる衝動は、作品の性格も質も決定しないのだから。より一般的な、歌から音楽への移行についても同じことが言える。音楽を音楽の普遍性により定義するときには、歌と音楽の分節、まさに音楽が鳴り響く只中で作用している分節、音楽を音楽として成立せしめた分岐は、抹消されるほかない。歌は衝動的、偶発的にうたわれるから歌であるところを手放さないからである。音楽はその衝動に我々を連れ戻すから受容される。言い換えるなら、衝動から身を引き剝がしたプロセスを聴取の瞬間に逆に辿ることで「感動」する。あるいは、二つのプロセスを同時に体験することが音楽的「感動」であるのだ。このすばらしい音楽があるとき生産された。これはどこまでも一つの偶然にとどまる。私の感動には、すばらしさの普遍性に対する賞賛と同時に、この偶然性に対する驚きもまた含まれている。音楽が生れるとき、聞かれるとき、主体的なものの皮が剝がれ〈血の川〉が引かれ、同時に普遍の岸から主体のほうに向かって、それが飛び越えられるのだ。

音楽の成立、歌からの離脱には、偶然的なものが本性的に付きまとっている。表現において衝動にかかわる賭金——この悲しみをいかにうたうか——は、個人的であったり集団的であったりする作曲過程においてたえず移動させられ、その移動が音楽の練り上げということそのものをなすのだが、昇華と呼んでもいいこの移動の仕方には、まったく演繹可能なところがない。衝動の直接的表現から歌へ、歌からさらに純粋音楽へと変態を遂げるやり方は、シニフィアンとシニフィエの関係ほど恣意的であるだろう。精神分析的な言い方をすれば、対象変容はつねに偶然的であって、だから逸脱とその個性の存在が必然的になる。移行には何段階もの盲点が存在していて、それを消し去る、つまり見えないところを見えなくすることが移行——芸術作品の成立——だと言ってもいい。しかし盲点は見えなくなるという仕方で存在を主張しはじめもするのであり、普遍的に感動的である、とは、偶然性の存在と不在がこのように均衡する状態——〈虚無の一滴を飲み干した〉ときに訪れる——を指すのだ。歌から音楽への移行は、見えなくなるという仕方で音楽のなかに持ち込まれ、それが聴取の恍惚のなかで再び姿を現す。うたうことにともなう、特に美しくあることを意図するわけでもなく、美しいから得られるわけでもない主体的「満足」と、美的恍惚のなかでこそ聞き取られる普遍的な歌がもたらす「感動」（カントが「概念なき普遍」によると述べた）の間には、どんな説明も拒む偶然の空白が存在しており、まさにそれが鳥になる感覚として現れる。喚起される感覚との関係では曲がこのようであらねばならない必然性はどこにもないから、このようである曲が〈誰のものでもない歌〉の普遍性を運ぶことができるのだ。彼の曲がかくあるのは偶然であるから、彼の感覚であったものが私の感覚として再現‐体験されるのである。もはや歌ではなく音楽であるという音楽の自己主張には、決して正当化しえないところが含まれており、この正当化不能性が音楽を「感動」へと開き、豊かなものにする。音楽を「支える」歌は、音楽が提供する文法とスタイルにより、形を整えられて（＝偶発性の痕跡を削ぎ落とされて）回収されるというより、そうした文法やスタイルがいつでも変化しうる根拠たる空白――〈血の川〉――に変えられる。ブリコラージュが「製造」に変わり、「製造」方法が進化しうるのは、両者の間の橋のない移行が製造のなかに持ち込まれるから、非連続性が連続性の根拠になるからである。切断は連続体の存在を前提にし、連続は無限小の切断により確保される。これはごくあたり前のことではなかったか？　歌は音楽の必然性の偶然性であり、音楽は歌の偶然性の必然性であり続ける。偶然性の音楽は構想されるまでもなく、歌である音楽、鳥の歌としていたるところに存在しているだろう。

発生の視点からは、主観的で偶発的でファンタスマティックな始源の歌から音楽が身を引き剝がす、それ自体偶然的な瞬間は、むしろ長期に渡る過程であることもまれではない。瞬間性とは成立した音楽のなかで体験される、不意に訪れる時間の時間性であり、言うなれば、個々の音楽体験の個体発生のなかに畳み込まれた音楽自体の系統発生の時間にほかならない。瞬間にまで折り畳まれたプロセスを、逆に折り広げてみることができなくてはならないだろう。さもなくば、偶然の血の川は神秘に奉仕するばかりで、ありふれているからこそ豊かな恒常的移行の運動は、ちょうどフローベールが日常世界を前にして取った態度のような静観主義をもって眺められることになる。民主主義的な現実を貴族主義的に遠くから称えるだけになる。普遍主義と同じように、誰がどのように川を渡ったのかには目をつむることになる。そしてそこに目をつむれば、〈文化〉や〈性〉の本質主義と少しも変わるところがない。音楽空間の構造に代わって、黒人の黒人性がブルースである、男には男の歌があると述べてしまうだけだ。しかしまた、歌と音楽の間に横たわる偶然性の闇はあくまでそれとして維持されるべきである。そこに隙間があるから、今とは違う音楽がつねに構想可能であって、ブルースは音楽形式として生まれることができたのだから。陽気な長調でも陰気な単調でもない〈ブルー〉な音階を黒人が形式化しえたのは、やはり偶々のことではない。調性が必然ではないから、生を単純に謳歌できるわけもなく、しかし悲惨な境遇を嘆いていてばかりでは生きていけるわけもない人間たちには、ブルーノートが「必要な」ものとして可能になったはずだ。音楽ジャンルを隔てる壁は偶然のものでしかないから、音楽の普遍性を語ること、異なる音楽を聴いて同じように心動かされることが可能になる。偶然は必然であるから、プロセスが、音楽の歴史がある。アドルノがディミニッシュ・コードは「使い古され、擦り切れている」と嘆くのも、偶々のことではない[2]。室内楽に酔いしれる十九世紀のブルジョアサロンと、ラジオとレコード盤に耳を傾ける二〇世紀の孤独な居間を隔てる壁が、そもそも偶然だからである。発生を記述するとは、偶然と必然をそれぞれの中に発見する構成的操作以外ではありえないのだ。

発生の視点については、したがって〈政治〉的視点との微妙な関係がたえず問われることになる。一方では、発生にとって偶然と必然の対立はドゥルーズの言うとおり、「近似的な、重苦しい計量であり、重苦しい尺度であって、そんなものは、まったくどれほど粗野に見えることだろうか」[3]。最初に訪れる骰子一擲が肯定された後では、偶然性の必然性、必然性の偶然性は発生にとって展開の境位をなす一般性にすぎず、それぞれのケースに応じて「微細な差異的＝微分的メカニズム」に変奏されていく。発生の「起源は、オリジナルに対してもコピーに対しても等しく異議を唱える世界のなかでしか特定されない」し、この世界のなかでは「対立とは一つの定立的多様体の問題的場から見た仮象」にすぎない[4]。そこでは多様体の概念が一と多の対立を、さらに「〈秩序〉と〈無秩序〉を同時に告発する」のだ[5]。カオス理論は実際、そのような告発の理論的形態そのものであるだろう。しかし他方、「差異的＝微分的メカニズム」の要所要所で骰子一擲を繰り返し、偶然＝必然を統計的な確率法則に回収できないようにしているのは、人間の集団的事象にあってはしばしば、〈秩序〉

（2）アドルノ、『新音楽の哲学』、四九頁。
（3）ジル・ドゥルーズ、『差異と反復』、財津理訳、河出書房新社、三〇八頁。
（4）同書三〇九頁。
（5）同書三〇七頁。

と〈無秩序〉が対立するよう、偶然が必然の破綻であるように見せる仮象の働きだ。ドゥルーズにあっても、仮象をめぐる「齟齬するものたちの共鳴」によってしか、偶然は肯定されない。[6] そしてランシエールによれば、この「齟齬」こそ政治と呼ばれるべきもののはずである。彼が「不和」と定義する政治は実際、舞台の上で展開される（言い換えるなら、表象される）ドラマをめぐる齟齬だ。自分たちはそこで場を与えられていない（表象＝代理されていない）にもかかわらず、そこが自分たちの場であると民衆が誤って主張し、舞台上の仮象が係争の的になるとき、政治は生起する。仮象の世界では偶然は必然から、言ってみれば公共の領域（原理にもとづき全ての者を例外なく規制する領域）からプライベートな領域（各人が自由に、恣意的に、偶発的に振舞ってよい領域）が隔絶されるように、分かたれている。舞台の上でもひとまず、人は鳥ではない。しかし芝居の進行につれ、一見自由に見える諸個人の振る舞いのなかに神の意志の働きを見せる、つまり自由や偶然と運命や必然を離接させ、ついに人を神の意志を運ぶ鳥と二重映しにするのが、舞台＝仮象の作用だ。それはつまり偶然と必然を微分的に連続させるのではなく、反転させてしまうのである。何が必然かそのものがドラマの主題となって、政治が出現する。政治は複数の必然が齟齬をきたす、語の精確な意味における〈無秩序〉なのである。もちろん、この〈無秩序〉のなかでそれぞれの必然は一個の偶然に転落して、必然の偶然、偶然の必然という真理がやがて姿を現す。しかし、明らかになった「差異的＝微分的メカニズム」のなかでは、仮象をめぐる闘争はもはや、民衆が公共の舞台には占めるべき場をもたなかったように、sans-part〔分け前なきもの〕である。発生的視点は、政治の真理であることにより非政治的であり、政治を見えなくするわけだ。実際、発生するのは集団性の諸形態としての制度や政体など、様々なタイプの必然性を主張する〈構造〉であり、その担い手＝役者〔アクター〕はそのつど異なる名前で呼ばれ、異なる位置と役割を担っており、政治は一つの同じ民衆反乱ではない。これに対しランシエールの政治は、表象＝代理の舞台をめぐる係争——誰が必然的に主体であるか——として永遠化される代わりに、諸〈構造〉を貫いて行為の種別性を主張する。それはさらに人間の日々の諸活動さえ貫くだろう。どんな行為も、誰が共同体の舞台における主体＝主役かという係争に発展するかぎりで政治的でありうるが、全員という仮象、全員をめぐる仮象を標的として目指さないかぎり、どれほど広い作用範囲をもとうと非政治的なものにすぎない。発生的視点のもとでは、すべてはすでに「深いところで」政治であるが、こちらの政治は滅多に現実化しないから政治である。

（6）同書三〇一頁。

2　リフにはじまる

ドゥルーズ＝ガタリは歌の発生を〈暗闇に一人佇む子供〉に帰している。音楽論と集団形成の生態学が渾然一体となった『千のプラトー』の一章、「リトルネロについて」を、彼らは次のようにはじめている。

暗闇に子供がひとり。恐くても、歌をうたえば安心だ。歌のままに、彼は歩き、立ち止まる。道に迷っても、歌を口ずさめば、それなりに盾になってくれるし、どうにかこうにか道案内もしてくれる。歌とは、いわば静かで安定した中心の前ぶれであり、カオスの只中に安定や静けさをもたらすものだ。子供はうたうと同時にスキップするかもしれず、歩みを速めたり遅くしたりするかもしれない。しかし、歌それ自体がすでにジャンプなのだ。歌はカオスから跳び出して、カオスのなかに秩序のはじまりを置くが、それはいつまたばらけてもおかしくない。アリアドネの糸はつねにひとつの音色をもっている。あるいは、それがオルペウスの歌なのかもしれない(7)。

著者たちがブルースの歴史を知っていたなら、このはじまりは修正される必要があったろうか。一面では、確かにあった。数々の歴史書や証言が教えるように、この歌のはじまりは集団でうたわれる労働歌だったからである。(8)

綿花農場や開拓・建設現場における奴隷や囚人の労働は、決して、監督者が作業手順を細かく指示し、管理し、労働の全体を指揮するオーケストレーションではなかった。そんなかたちの統制が不可能であったろうことは、ヨーロッパにおいてなぜ規律・訓練が社会的主題とならねばならなかったかを思い起こしてみればすぐに分かるはずだ。小数の監督者が各所で鞭をふるうことにより工場や鉱山を一つのマシーンに仕立て上げるのは、あまりに非効率であり、規模が大きくなればなるほど絵空事に近づく。だから一人一人の労働者が〈管理〉を内面化して、あくまで〈自由に〉個々の作業を全体としての労働過程に合わせてくれるよう、一望監視装置が構想されたのだった。工場内監督者ではそもそも労働者が毎朝工場に来てくれることさえ十全には実現できなかったし、たこ部

(7) ジル・ドゥルーズ＋フェリックス・ガタリ、『千のプラトー』(宇野邦一他訳、河出書房新社)、「11 リトルネロについて」、三五九頁。以下、同書からの引用は適宜変更している。
(8) たとえばポール・オリバー、『ブルースの歴史』、米口胡訳、晶文社、またリロイ・ジョーンズ、『ブルース・ピープル』、飯野友幸訳、音楽之友社を参照。

屋式の管理では､労働者は監督者が目を離せばサボるだけだ。生産現場をオーケストラにするには、各労働者に規律・訓練をほどこして、タクトの一振りでなすべき仕事を果たすよう準備しておく必要がある。そこで、自分で自分を監視する目こそを生産する規律・訓練装置が、監獄はおろか学校、家庭へと、社会的に一般化されたのだった。しかし奴隷たちはそもそも社会の成員として訓育されるべき者たちとして想定されていなかったから、そんな装置を作るコストさえ社会の側には負担する用意がなかったろう。社会の側では、奴隷には命令を理解するのに必要な最低限の共通言語を強制する（＝母語の使用を禁じ、英単語を教える）以上のコストをかけたくない、かといって、鞭や銃は〈装置〉として効率が悪すぎることも分かっている。ではどうするか。その答えの重要な一つが、うたうことにかんしては許す、だった。

リーダー：黒んぼ売りにつかまっちまった
コーラス：ああ、まったくよう(9)

これは奴隷たちが農場主に隠れてうたった歌ではなく、とうもろこしの皮むきという彼らの集団労働の現場でうたわれていた歴とした労働歌である。仕事を整然と運ぶため、気を紛らわせることと各人のリズムを合わせることを同時に実現する呼びかけと応答の集団歌は、農場主にも禁じる理由はない。エスキモーたちが鯨を追い込みながら、猟師たちが網を引きながら、樵たちがめいめいの斧を一本の木に叩き込みながらうたったように、[10] 奴隷たちは仕事の調子を合わせるため、疲れを忘れるため、誰憚ることなく悲惨な境遇を「楽しく」うたい合うことができたのである。歌が響き渡る範囲は監督者が権力を直に行使することのない彼らのテリトリーであり、彼らは生産物の所有権と引き換えに、自立した、内部的にのみ調整可能な空間を手に入れた。歌が集団的な一つの身体を、農地の上に作り上げるのだ。主として祭礼の場面で観察される歌のそうした効果を、人類学は世界中から報告しているし、人間のみならず動物たちでさえ、それぞれの間の距離を確定しつつテリトリーをマークするため、歌を交換しあうことはあるだろう。指揮者を欠いたところでリズムを合わせる、距離を調整する、一つの持続を実現する、等々を可能にする手段として、ポリフォニックな歌が用いられる。誰もが同等の存在として聞きながらうたう、ただそれだけのことが〈権力〉を代行するのだ。歌はこのときそれ自体が字義通りの分節であるだろう。たとえ周囲を銃が取り囲んでいても、それだけでは意味と内容のある労働空間の内部性を作り出すことができず、そんな軋轢も秩序もない真空でありただの「雑」（カオス）であるところに、歌はそれがうたわれている間だけ、身体性をもった秩序を現出させる。私があるメロディーを投げかけると、誰かがそこに、照応する

（9）オリバー前掲書、一七頁。
（10）労働歌発生をめぐる人類学的考察としては何よりも、小泉文夫『人はなぜ歌をうたうか』（「小泉文夫著作選集1」、学習研究社）を参照。

（同じであっても異なっていてもいい）メロディーを重ね合わせる、その連鎖としての秩序の生成過程がリトルネロ――〈鳥たちの歌〉――だ。集団的な過程としてのこの歌が、方向も形状も区分もないカオスの只中に束の間の中心を置く。うたわれているところが場の中心であり、声のベクトルが空間に座標を設定し、共鳴の中心が有意な場を自らの周囲にはじめて出現させる。実際、うたわれず労働がなされない間、そこは何の場であるだろうか。ただ土があり、多数の人が漫然といるだけのところを何と呼ぶべきか。しかし歌が止めば場はすぐに再びカオスへと飛散する以上、リトルネロが含む反復は、それ自体、カオスから秩序へのジャンプの反復であり、歌は形成と解体の交代的持続として捉えられねばならない。一つのフレーズが投げかけられて次のフレーズを待っている間の時間は、秩序が解体しつつあるときであり、かつ作られつつあるときであり、リトルネロ＝歌はしたがって二つの相反する方向の共存である。そしてその意味において一つの〈結晶〉をなす。リトルネロはすぐれて時間の結晶なのだ。奴隷たちの労働歌は、工場において機械が時間を組織した代わりに、農地においてオリジナルな（つまり、それまで存在しなかった）時間を作り出す。

「カエルはなぜ鳴くかというと、ほかのカエルがなくから鳴く」[11]。孤立した人間が本当にうたうかどうかは疑わしい。歌の起源は他人の歌であり、根源におけるこの反復が最初の歌をリトルネロにする。小泉文夫の調査によれば、いつでもカリブーを捕まえることができ、狩をするとき特殊な協力関係を必要としないエスキモーはうたう習慣がなく、逃すことのできない数少ない機会に精妙な協同を実現しなければならない鯨を獲るエスキモーは、ふだんから歌によって拍子を合わせる訓練をしているという。歌は生きるために集団がうたいはじめるのだ。集団の支配域を自然のなかに現出させるために。権力の発生に先立つこの歌の力が、奴隷たちに、たとえ銃によって囲まれた空間であっても、そこを自律的な彼らの空間に代える手段を与える。命令とは異質な原理による秩序の構成が、そこを強制労働の場でありながら強制から逃れることのできる場所にする。

しかしドゥルーズ＝ガタリは〈暗闇に一人佇む子供〉という歌の起点を修正する必要もまたない。というのも、これも人類学が教えるとおり、労働の現場を離れて一人でうたえるものになってはじめて、歌は歌として自立する、つまり支配域の創造を土地から解放するからである。またつまり、テリトリーをいわば持ち運び可能なものにするからである。ニシンが来ないから陸でうたわれる〈ソーラン節〉は、暗闇に一人残された子供の歌と同じように、その機能として安心をもたらす。漁と漁の間に横たわる闇から、避難する場所‐時間を作り出す。私から発せられて私に立ち戻ってくる歌声の持続は、自分の声を聞く閉域を作る（そして形而上学に道を開く）というより、私と私の間を開き、そこを闇のなかに穿たれた私の住処となすのだ。大漁の記憶と現在の不安の間のリトルネロ、それが〈ソーラン節〉である。歌の持続を異時点間の出会いの連続に、今を異時点に変える力、それがリトルネロである。ベルクソンは実際、異質なリズムの出会いが一つの持続を生むと

（11）小泉文夫、同書一〇一頁。

言っていなかったろうか。私は砂糖がコーヒーに溶けるのを待っている――たったこれだけの持続においても、乾きという生体のリズムと砂糖が溶解する物理的リズムの二つが出会うことが必要なのであり、応答の繰り返しであるリトルネロは自身の内側からたえず分割を生み出し、私を多の共鳴にするだろう。だから寂しくはないのであり、一人でうたうことにより、人ははじめてどこにいてもカオスから秩序へジャンプできるようになる。そのためにも、歌を労働に埋め込まれた掛け声から、独立して進化を遂げうる文字通りの歌にジャンプさせねばならない。事実、歌としてのブルースが成立するのは、奴隷解放後、黒人たちが小作農として、あるいは農業労働者として、一人で綿花農場で仕事をはじめたときである。孤独な労働によるブルーな気分を追い払うため、あるいはそれをむしろ非敵対的な友に変えるため、フィールド・ハラーはうたわれた。ポリフォニックな調整過程は、一人で音程を微妙に上下させる唱法に変身する。集団の労働歌がしばしば純正調の簡単な三音階、せいぜい五音階からなっていたのに対し、ウィリーやジョンという固有名に付随した泥んこ野原の歌は、極めて複雑な陰影に富む旋法を次々に生み出していった。ワンフレーズ聞いただけで誰の歌か分かる複雑さの個性が、そのまま歌い手のテリトリーをなすのだ。それをさらに完璧なものとするためには、野原以外で、休息日の酒場で、ハラー（叫び）を歌に練り上げ他人に披瀝しなければならない。俺の歌が、俺を移動可能にしてくれる。いつなんどきクビになっても、家を失っても、歌という住処がある。

おお……おお……
ここにゃ長くいられねえ。おお……おお……ここじゃ気がめいっちまう。
ここじゃ気がめいっちまう[13]……

彼がこううたうのは〈ここ〉にいるとき、まだしばらくは〈ここ〉にいるほかないから、〈よそ〉に行くあてがあるわけでもないからであり、〈ここ〉を闇の浸透、浸食から守り、自分が闇のなかに消えてしまわないようにするためだ。そのとき〈ここ〉はしかしすでに〈よそ〉であろう。闇だけが支配するところではなくなっているだろう。だから、彼は流れ労働者、ホーボーになって旅に出てもいいし、踏み止まってもかまわない。歌が彼を土地から切り離し、彼はすでに旅立っているのだから。〈ルイジアナに行くんだ、mojo（お守り）をくれよ。[14]〉

歩き続けなくちゃ
立ち止まるわけにはいかないんだ

（12）ジル・ドゥルーズ、『ベルクソンの哲学』、宇波彰訳、法政大学出版局、二五―二六頁を参照。
（13）オリバー前掲書三二頁。
（14）ライトニン・ホプキンスの歌、「モージョ・ハンド」より。

あられに降られたみたいに
ブルースまみれだよ
そうだ、まるであられに降られたみたいに
ブルースまみれになっちまった

それだけじゃない
毎日不安でしょうがないんだ
見てみな、そこに地獄の猟犬がいるだろ
地獄の猟犬がいるんだ、ほら
目の前にいるじゃないか
地獄から来た猟犬が(15)

ギターを抱えて一人でうたうことを基本とする初期のカントリー・ブルースは分裂と統合のまさに同等の共存、同時的実現だ。キース・リチャーズはロバート・ジョンソンのレコードを聞いて、こいつには脳が三つあるのかと驚いた(16)。複数のパートを弾き分けるギターに、肉声によるメロディーをかぶせる多声構成は、労働歌のポリフォニーの再現でありかつないだろう。異なる生体のリズムを一つの持続に合成することでカオスから秩序へと上昇するという点では、それはまさに労働歌の手法そのものである。「ほら、一たす一は二だろ、／二たす二は四だ／（……）／一緒に行こう」[17]。けれども一人のなかにおいてそれを行うことは、労働歌の目的そのものに反する。リズムと音程を合わせる過程で、各人が集団のなかの一人になるというその目的が、ここでは反転させられている。〈ここ〉を〈ここ〉と〈よそ〉に分割し、その隔たりが張る線を境界に、押し寄せる〈ブルース〉を遠ざける。〈私はX農場でY氏のため朋輩Zの掛け声に合わせて働くジョンソンである（ÊTRE）〉が〈俺と（ET）ブルース〉に分裂し、「人間みたいに歩く」このブルースという〈悪魔〉を追い払おうとしつつ（「振り払うのさ、どんなときも寄せつけないのさ」[18]）、旅の連れとして伴おうとも（「並んで歩いたのさ」[19]）、進んで招き寄せようとも（「ためしてみな、ほしいんだろ、言ってみな」[20]）する。まるで労働歌以前のカオスに回帰しているかのようだ。ヘルダーリンがギリシャ

（15）ロバート・ジョンソンの歌、「地獄の猟犬」より。日本語訳は『ロバート・ジョンソン／ブルース歌詞集』（鳥海森介訳、万象堂）による。
（16）ロバート・ジョンソン、『コンプリート・レコーディングス』（ソニー・ミュージック）へのライナー・ノーツより。
（17）ロバート・ジョンソンの歌、「いい街だよ、シカゴは」。前掲『歌詞集』より。
（18）同、「説教ブルース」。
（19）同、「俺と悪魔のブルース」。
（20）同、「説教ブルース」。

に「帰った」のと同じように。けれどもこの〈多〉性の自立が、土地からの主体の解放、土地との関係における主体の統合――まさに主体的な自立――を保証し、彼を一人の近代人にする。夢のなかでテラプレインに乗ってシカゴに、カリフォルニアに向かう人間に。(21)

ようやく、人は我が家にいる。農場を離れて。音の壁に囲まれた、どこにでももって行ける家。かつて、銃で囲まれた土地を〈我々〉の空間に変質させた歌は、今度は〈私〉に世界そのものを占領させる。〈私〉に占領可能なものとして、世界を与える。かつてのカオスに、〈私〉が移動して次々に占拠していくところという意味を与え直すのだ。たまには扉を開けて、客人を迎え入れよう。自分から他人の家を訪ねてもいい。そうした相互交渉が、かつてとは異なった意味でブルースを集団の歌にしていく。個性をもっていなくてはならないのと同程度に似ていなくてはならない歌の群れが出現する。鳥たちのリトルネロが森を一つのライブハウスにしたように、週末のバレルハウスは、それぞれの歌をもった者たちが即興でセッションを繰り広げてブルースなるものを一つの集塊として作る場に変わる。そこでも基本はリトルネロである。〈リフ〉だ。チャーリー・パットンやサン・ハウスは打楽器のようにもギターを使い、メロディーによって個性を主張すると同時に、タムタムが踊りを誘うように拍子によって歌を喚起した。その後最も影響力をもった最初のデルタ・ブルースの録音が、セッションの記録であったことは注目されてしかるべきだろう。一九三〇年五月二八日水曜日、ウィスコンシン州グラフトンで行われたパットン、彼のガールフレンド、ルイーズ・ジョンソン、ウィリー・ブラウン、そしてサン・ハウスのセッション(22)は、どのようにして個性と集団性が重なり合いながら分岐していったか、分岐しながら融合していったかの記録として聞くことができる。分節手段としてのリフの重要性については決して強調しすぎることはない。それはまず、ある演奏家と別の演奏家を区別する基本的な符牒であって、だから一人の演奏家のリフはしばしば強い類似性を保ち、曲の区別よりも優先されるほどであり、たえず変奏されるという意味では二度と同じ演奏は聞かれない（ロバート・ピート・ウィリアムズにその傾向は著しい）。そしてリフはまた、他人が演奏に入ってくる開口部を形成する。コール・アンド・レスポンスのスタイルをもっていた労働歌における、コール（呼びかけ）の役目をそれは果たすのだ。はじめて出会った者に、これに合わせよとして差し出されるジョイント。リフは接続詞である。だからもちろん、ギター・リフは奏でる者が自分に投げかけるコールであって、レスポンスとして歌を生み出す作曲方法でさえある。リズムとハーモニーとメロディーの未分化なマトリックス、それがリフであり、リフは音空間のなかに、同時に鳴っている音群の垂直的関係と音程のメロディックな水平的関係から合成されるベクトルを投げ放ち、労働歌のポリフォニーが共鳴の中心に作り出した聞こえない中心を、聞こえる軸、持続の芯に変える。誰某のリフとして人称化され、演奏家の分身として世界に出て行く音響ブロッ

（21）ロバート・ジョンソンの「いい街だよ、シカゴは」では、シカゴがカリフォルニアに存在することになっている。
（22）今日、次のアルバムで聞くことができる。*The Legendary Delta Blues Session*, P-Vine Records.

ク。リフ＝リトルネロとは「テリトリー化されたリズムとメロディー」[23]である。それは一つのテリトリーとして、サン・ハウスの〈マイ・ブラック・ママ〉、ロバート・ジョンソンの〈ウォーキン・ブルース〉、マディ・ウォーターズの〈カントリー・ブルース〉をさらに地続きのテリトリーにする。その列にはやがて、サン・ハウス自身の〈死の手紙〉、そしてキャプテン・ビーフハートの〈Sure 'Nuff 'N Yes I do〉まで加わることになるだろう[24]。

しかし、メロディーがルソーにならって言えば意味を担うとすると、リズムとは何なのか。個体の識別のためにはメロディーだけで十分であり、他人がうたってはならないとされるメロディーを各人がもっている未開の部族は実際数多く存在する[25]。求愛、警告、歓喜、その他もろもろの意味を特定のメロディーにもたせている事例はもっと多いだろう。フィールド・ハラーもその実質は節回しにあった。これに対しリズムは、周期性と反復の形式とひとまず簡単に定義することはできるが、どんなミュージシャンもメトロノームがリズムを生むことはないと知っている。そんなものは聞いていていて眠くなるだけだ。小節の区切りによって（頭にアクセントが来ると約束することで）リズムを作るのも、大きな違いはない。実のところ、〈暗闇で一人佇む子供〉の歌にリズムは必要ない。メロディーの周期的な繰り返しがあれば、とりあえず支配域を作り出すには足りるのである。ラモンテ・ヤングによって捉え返されたドローン（通奏低音）の考え方に従えば、単音の繰り返しにさえカオスのなかに秩序を打ち立て、拡大していく力がある。リズムは、ストラヴィンスキー登場の頃、ヨーロッパ音楽が自分たちにはいかにそれを扱う感性と技量が欠けているかを散々嘆くことが可能であったほどに、後発性をもっているのだ。もちろん、ここでいう後先の順序はアフリカでリズム音楽がすでに発達していたこととは何の関係もない。音楽家は自明の原理として言うだろう。「リズムはポリフォニーから切り離せない」[26]。複数の音群の重ね合わせ、調整過程に、リズムは固有である。スティーヴ・ライヒが採集したピグミー族による声と打楽器のポリフォニーはまさにそれを現象的に実感させてくれるが、彼はその核にある真実をテープによる簡単な実験によって抽出してみせた。微妙に異なる間隔で同じフレーズを繰り返す二つのテープを同時に鳴らし、第三のテープレコーダーでその結果を録音するというものである[27]。フレーズ間に次第にずれが生れ、それがさらにモアレ効果を生んで、別の独立した周期性を耳に感じ取らせるようになる。一つのリズムが、我々の耳のなかで生れた。現象のどこまでが客観的・物理的で、どこまでが我々の聴覚的制約によるものかは決めがたいゆえに、より正確には、音の発信源と我々の中間地点にリズムは生起すると言うべきだろう。メロディアスな意味の違いは、どこへもっていっても、誰に聞かせても、それと

(23) ドゥルーズ＝ガタリ前掲書三六六頁。
(24) これらの歌は実際、すべて似通っている。
(25) 小泉文夫前掲書。一種の原始的な「著作権」や歌の「相続」が度々論じられている。
(26) ピエール・ブーレーズ、『徒弟の覚書』のストラヴィンスキーを論じた第二部「テクノロジーのために」より。同書六七頁。
(27) スティーヴ・ライヒ、「カムアウト」。たとえば *Steve Reich Phases – A Nonesuch Retrospective*, Disc 4 で聞くことができる。

感取されるはずであり、だから個体の識別機能を一般的に担うことができる。例外は存在するだろうが、それは言語能力の欠如を認定されるに等しい音痴の烙印を押されることになる。ところがリズムのほうはつねに、聞き分けられるレベル、体をそれに合わせられるレベルの両方にそれぞれかなりの個体差が存在しており、一般に、言葉を解したり歌をうたうのとは別種の習熟を求められる。それはリズム生起の後発性と、その場所性に由来すると考えてもいいはずだ。

「環境はカオスのなかで開かれている。そしてカオスは環境を衰弱させたり、環境に侵入しようとおびやかす。だが、環境はカオスに対して反撃に出る。それがリズムなのだ。カオスとリズムに共通しているのは〈中間〉である。二つの環境のあいだである[28]」。ここでいう「環境」は、繰り返されるメロディーによってカオスのなかに作られる秩序ないし支配域、ととりあえず理解しておけば足りる。あるいは主体そのものとさえ。それが生れた後に生れるもの、生れざるをえないものは、それとカオスの〈間〉である。音の壁によって私の住処を作ったのは、カオスが侵入してこないようにするため、衰弱した私が再びカオスに吸収‐解体されないようにするため、だった。言い換えれば、音の壁を作った後、その壁とカオスの間ではたえず干渉とその跳ね返し、相互交渉が、壁を作る前とは異なるかたちで展開されることになる。モアレが事後的に生れるようにして、〈間〉は自立するのだ。メロディーの反復、カオスからの継続的干渉のなかから、反復がそれ自体の「客体性」をもつようになると言い換えてもいい。リズムをもつとは特殊な時間が持続するという感覚であり、時間はそもそも周期性と分かちがたい。外に起因するのでも、内がひとりでに内部から生み出すのでもない何かが〈間〉で持続している、それも内側からの〈努力〉の結果、その持続が維持されている、それがリズムだ。「リズムは等質な時-空のなかで作用するのではなく、異質性のブロックを重ねながら作用する。『真に活発な複数の瞬間の結合（リズム）は、行為の遂行される平面とは異なる平面上で実現されるものだ』と述べるとき、バシュラールは正しい[29]」。だからリズムは、それとして自立した〈不等なもの〉、〈共通尺度をもたないもの〉でもある。

メロディーの反復がカオスからの一つの秩序の生成を画すとすれば、リズムはそこからさらに別の秩序へ移る動きを自らのうちに含んでいると言えるだろう。秩序はカオスの「なか」にある。「なか」を分岐・自立させることが秩序の生成にほかならないとすると、秩序とカオスのあいだの中間という新しい「なか」にあってそれを自立させるリズムは、秩序のなかの別の秩序、ある秩序から別の秩序への移行なのである。この別の秩序が、〈俺〉と〈おまえ〉の間で形成されるとしたら？　外からやってくるのが浸透性のカオスではなく、私と同等の自立したブロックであるとしたら？　リズムはまさに結合手の役目を果たしてくれるだろう。「生命体に凝固した環境を変えること、それがリズムだ[30]」。メロディーとリズムの合成体としてのリフは、メロディーにおいて向自的、リズム

（28）ドゥルーズ＝ガタリ前掲書三六二頁。
（29）同書同頁。
（30）同書三六二頁。

において向他的な二重のブロックであり、テリトリー開閉の即自存在であり、すでに他へと開かれた自己の収縮、他との結合部である自己の本体であり、リフを刻むとはこうした二重性を一つの動きに展開する作業である。実際、そんな風に繋ぎ合わされて、セッションは実現されないか。歌は作られていないだろうか。もちろん、失敗は数限りなく起こるだろう。〈間〉はいつも自立してくれるとはかぎらないし、反復的リズムの「客体性」からカッコが取れることはない。というのも、ドゥルーズが『差異と反復』において反復を論じるにあたり冒頭に引いたヒュームのテーゼがはっきり述べているように、「反復は繰り返される対象の何も変えないが、反復を観照する精神の何かを変える」[31]。その何かが「反復がある」、「リズムがある」という感知であり、リズムが結晶化するか否かは、その場所がたとえ私と対象の〈間〉であるとしても、私の側の観照〈努力〉にかかっているのだ。ゆえに実のところ、たとえメトロノームが刻む物理的拍子であっても、それを私がワルツであるとみなせば、私は頭のなかで音楽を奏でながら踊ることができる。そして誰もが踊れるわけではないことは、誰もが泳げるわけでないのと同じことだ。ここには偶然の問題そのものと、訓練の問題の一切、そして若干の政治問題がある。新しい時間がはじまるかどうかは、新しい曲がセッションのなかから生まれるかどうか、生態学的な突然変異が起きるかどうかと同じ種類の問題であって、やってみなければ分からないが、やってみる必然性は、一つの秩序が生まれた瞬間にすでに生まれている。一つの「なか」の誕生は〈間〉を同時に作り出し、秩序の自己保存本能は〈間〉の壁を強化しようとはするのだから。リズムを生成させる衝迫は私の側にある。繰り返される試行がそのまま訓練になる。問題が政治性をもつのは、プラトン的政治が阻もうとした模倣は最終的にこの〈間〉の自立にかかっているからである。リズムが生成されないとき、メロディーの伝播は極めて不安定なものとなるほかなく、逆の場合は逆であるだろう。リズムは私とギターの、私と彼の、橋そのものだ。二つのことを同時にやってはならないというのが国家の根源的命令だとすれば、二から出現した一であるリズムはすでに極めつきの反国家性をもっている。ブルースマンたちに、君たちは著作権というものを知らないのかね、と言いにやってくるのが国家の政治というものだ。政治とリトルネロの〈間〉は決して自立しない。それを自立しえるとするイデオロギーの名前を我々はよく知っているだろう。共同体主義である。

ミシシッピ・デルタ出身ではない黒人ミュージシャンには、デルタ・スタイルをうまく真似ることができなかったという。(32) それを会得できた白人ギタリストはほとんどいないし、白人歌手にいたってはまったくいない。しかし、デルタ・ブルースは極めてシンプルに形式化することもできる。同一の二行の繰り返しプラス一行を基本単位とする詞、三つのコード、範囲の限定された音階といわゆるブルーノート。詞は数十から数百という決まり文句のストックからいくつかを選び、自作のフレーズをまたいくつか加えて出来上がる。極度に繊細かつ独創的に技巧化されて成立している単

(31) ドゥルーズ、『差異と反復』、一一九頁。
(32) この点についてはロバート・パーマー、『ディープ・ブルーズ』(五十嵐正訳、シンコー・ミュージック)、「プロローグ」を参照。

一性、いまだに理論的形式化を寄せ付けない強固な凝集性と、初歩的音楽のラフな構造の間の落差は、ほとんど眩暈をもよおすばかりだ。おまけに件の単一性は、内部に無数の変異を個々人の間のみならず同じ人間の異なるパフォーマンスの間にも抱えており、変化を通じての同一性としてしか存在しておらず、ここにも大きな落差がある。これらの落差は、いつか何らかの「理論」が埋めてくれると期待すべきものであるのか。そしてそれまでの間、「理論」の代わりに「黒人文化」の一言でもって我慢すべきであるのか。期待するのは一向に差し支えないだろうが、「文化」と「理論」のこうしたカップリングは、解明されるべき対象がすでに同定されていて、後はその解明を待つばかりであると考えている点で、それ自体一つのイデオロギーと言うべきだろう。デルタ・スタイルは間違いなく分割不可能な一つの個体性を備えている。「フーチー・クーチー・マン」（マディ・ウォーターズの表現）を意味内容としてはそれほど変わるところのない「セックス・マシーン」（ジェームス・ブラウン）に置き換えただけで、詞はすでにデルタのものではないし、デルタのものではない詞に、純粋音楽としてのデルタ・ブルースが「乗る」かどうか極めてあやしいことは、チャーリー・パットンが逆説的に示唆しているとおりである。彼は何を言っているか分からないくらいに詞を音と合わせたが、それは音のほうに詞を引き寄せ、言葉を音楽に解消するのと同程度かそれ以上に、音楽のほうを彼の私的言語にするものだ。乗り物である音楽のほうも同時に、比類なきものとして作っていったのだから。デルタ・ブルースの全体を一つの方言とみなすことさえそれほど的外れではないだろう。「ブルースは音楽と詩の非常に高い感情の温度での融合を表現している」(33)。然りである。

しかし、「融合」が結語であるなら、これは純正ルソー主義以外の何ものでもない。

パットンの歌がブルースの最初の凝集であることは疑いない。それは歴史的にも確かめられる事実だ。ドッカリー農園で働く彼の周りに次第に形成された歌い手たちの小さなサークル、彼の歌に引き寄せられ、彼を範としてギターと歌の腕を磨いていった者たちの集まりのなかから、ブルースはデルタの全域に、そしてやがてシカゴへと、受け渡しされながら飛散していった。サン・ハウス、ロバート・ジョンソン、ハウリン・ウルフ、マディ・ウォーターズ……デルタ・スタイルの核を見定めようとすれば、どうしてもパットンに向かわざるをえない。ジョン・フェイヒイの労作はそのことに正面から取組んだものだ。[34] けれどもそこで見出されるのは、ロバート・ジョンソンやマディ・ウォーターズよりもさらに摑まえ所のない異様に複雑な集塊である。当時存在していた様々な音楽との境界線はあいまいで、一曲を取り出して同時代音楽のコンピレーション・アルバムのなかに入れればブルースとは認知されまい、というような曲もある。集塊が放つブルース性にしても、それを聞き取るにはサン・ハウスに親しみ、ロバート・ジョンソンに耽溺し、さらにはマディ・ウォーターズを知っていればいるほど容易になる。実際、サン・ハウスでさえパットンに比べれば特徴は

(33) パーマー同書三二頁。元はアンドレ・ブルトンの言葉を言い換えたある批評家の言。
(34) フェイヒィが編纂したチャーリー・パットンの音源集、*Screamin' and Hollerin' the Blues – The Worlds of Charley Patton* (Revenant Album N° 212) に付録のテキスト。

際立っており、音楽的単純化は著しい。なによりも、パットンにおいて反復されるリフは、それ自体が複合リズム的な多層性を備えており、聞き取れるにもかかわらず単位として取り出しがたいのだ。〈ポニー・ブルース〉には、ヴォーカルの四拍子に、ギターの三拍子、五拍子が重なり、ベースとなる二拍子にはときおり三連音符が組み入れられ、そこにさらに胴体を叩いて出すオフビートが加えられ、曲の全体は「結局、永久にバランスが取れないと思われる構造」を実現している。(35)しかし、一人でそれを演奏しているから驚異的なこのポリリズム構造は、アフリカ音楽を想起してみれば、果たしてどこまで複雑と言えるか。アフリカ的ポリリズムのほうがはるかに複雑だというのではなく、周知のように、そこでは演奏に参加する一人一人は極めて単純なことしかやっていない。まるで強固な自我を主張するかのように、一人一人は他人とは異なる拍子、アクセント、変化の流れを自分で作り、それを全体のなかで墨守しようとするだけだ。結果としての極度の音楽的複雑さはこの単純さの効果にほかならず、設計された複雑さが存在しているわけではない。パットンにおいてもことは同じであるだろう。実際、旋律的に見ればたった三つの音しかない歌も彼にはある。パットン・スタイルの複雑さは単純なものを一人で積み重ねる単純さ（たとえそれがどれほど難しいことであっても）とイコールである。これに対し、音楽構造としてはより単純な、ブルースとして完成されたマディ・ウォーターズの一曲のなかで効果的に挿入されるブルーノートの一音、スライドの一瞬の響きのほうが、端的に複雑だと感じられることはないか。ジョン・リー・フッカーの単純なワンコードそれ自体が、エルモア・ジェイムスの典型的スリーコードが、ブルースファンには「深い味わい」を演出しているだろう。練り上げられた単純な形式は、その単純さそのものが極度に複雑な性格をもっている。そうでなければ、その形式に到達することはなかったろう。コードの演出という単純な複雑さから見れば、和音をかき鳴らすことさえほとんどなかったパットンは、ただ単純である。つまり、単純‐複雑の対は、一つの概念的な罠にほかならないのだ。パットンにおけるはじまりとマディ・ウォーターズにおける終わりを繋いで一つの同質の閉域となす罠に。はじまりと終わりがそれぞれはじまりであり終わりであることは歴史的に見れば間違いではないものの、はじまりの複雑さと終わりの単純さ、そしてはじまりの単純さと終わりの複雑さがそれぞれの鏡像的倒立像をなすとき、本質は両端から挟み撃ちになって平均として措定され、もっとも「単純な」ことがらが後景に退けられる。はじまりにデルタ・ブルースはなかったということ、終わりに、それは別のものになったということ、つまり生成と解体の〈同じ〉、一つの〈不等なもの〉がそこを貫いていた、ということ。「音楽と詩の融合」という規定は、この〈同じ不等なもの〉を圧し潰した平均像でしかない。間違っているわけではないが、それは進化のプロセスを空間的ばらつきに変えている。単純‐複雑の対については、もう一度ドゥルーズの溜息を思い起こしておくべきだろう。それは「近似的な、重苦しい計量であり、重苦しい尺度であって、そんなものは、まったくどれほ

（35）パーマー前掲書九〇頁。

ど粗野に見えることだろうか」。パットンの歴史的功績あるいは芸術的偉業は、真似のできない複雑さをもった独自の音楽を作った点にではなく、それと同時に、真似の仕方、変形しながら真似、真似しながら変形する技術を、その比類なきスタイルの内部に組み込んだことにある。様々な単純なもの、起源を異にする音楽的諸要素をリフとして重ねること。フラットな同時性を、反復を通じてシャープな前進に変えること。言ってみれば、彼は自分の音楽を解体する手法を周りの人間に教えたのであって、集団的に成立した方言的特異点（ブルーノートはその最たるものであろう）は、真似が広がっていく際の鈎の役目を果たしたはずだ。人類学的研究はブルーノートの存在についてはアフリカにもそれを発見しており、(36)この特殊な音程構造をデルタの特産品のように扱うことはできないが、デルタに特有の機能と使用法はあったはずであり、なによりもそれは結果——ブルースの世界化——に示されている。音程差は示差的に個体性を表示し「意味」を担う。ブルーノートはブルースという秩序を代表し、一つの中心を形成する。それが聞こえることで、ブルースは言語的共同性を世界に表示する。しかしこの中心は、多声的なリズムというもう一つの中心をもつリフによって運ばれ、こちらの中心のほうは〈間〉で生起して、ブルースという楕円を外に向かって開くのだ。三拍子がワルツという音楽的個体性を作るのではないように、シンコペーションがジャズであるのではないように、リズムはとりわけ尺度＝小節の分割方法として抽象的に把握されたとき、どのような「意味」ももたない。それはドゥルーズ＝ガタリ的な言い方をすれば、「意味」なるものが代表するテリトリーからカオスへの「反撃」がリズムだからであり、リズムが生起するときに

郵便はがき

料金受取人払

本郷局承認

4511

差出有効期間
2023年1月
31日まで

113-8790

(受取人)

東京都文京区

本郷7-2-8

吉川弘文館 営業部内

〈書物復権〉の会 事務局 行

ご住所 〒 TEL		
お名前(ふりがな)		年齢 代
Eメールアドレス		
ご職業	お買上書店名	

※このハガキは、アンケートの収集、関連書籍のご案内のご本人確認・配送先確認を目的としたものです。ご記入いただいた個人情報は上記目的以外での使用はいたしません。以上、ご了解の上、ご記入願います。

11出版社　共同復刊
＜書物復権＞

岩波書店／紀伊國屋書店／勁草書房／青土社／創元社
東京大学出版会／白水社／法政大学出版局／みすず書房／未來社／吉川弘文館

この度は＜書物復権＞復刊書目をご愛読いただき、まことにありがとうございます。

本書は読者のみなさまからご要望の多かった復刊書です。ぜひアンケートにご協力ください。

アンケートに応えていただいた中から抽選で10名様に2000円分の図書カードを贈呈いたします。

(2022年1月31日到着分まで有効) 当選の発表は発送をもってかえさせていただきます。

●お買い上げいただいた書籍タイトル

●この本をお買い上げいただいたきっかけは何ですか？
1．書店でみかけて　2．以前から探していた　3．書物復権はいつもチェックしている
4．ウェブサイトをみて（サイト名：　　　　　　　　　　　　　　　　　）
5．その他（　　　　　　　　　　　　　　　　　　　　　　　　　　　　）

●よろしければご関心のジャンルをお知らせください。
1．哲学・思想　2．宗教　3．心理　4．社会科学　5．教育　6．歴史　7．文学
8．芸術　9．ノンフィクション　10．自然科学　11．医学　12．その他（　　　）

●おもにどこで書籍の情報を収集されていますか？
1．書店店頭　2．ネット書店　3．新聞広告・書評　4．出版社のウェブサイト
5．出版社や個人のSNS（具体的には：　　　　　　　　　　　　　　　）
6．その他（　　　　　　　　　　　　　　　）

●今後、＜書物復権の会＞から新刊・復刊のご案内、イベント情報などのお知らせをお送りしてもよろしいでしょうか？
1．はい　　　　　　　　2．いいえ

●はい、とお答えいただいた方にお聞きいたします。どんな情報がお役に立ちますか？
1．復刊書の情報　2．参加型イベント案内　3．著者サイン会　4．各社図書目録
5．その他（　　　　　　　　　　　　　　　　　　　　　　　　　　　　）

●＜書物復権の会＞に対して、ご意見、ご要望がございましたらご自由にお書き下さい。

郵便はがき

おそれいりますが切手をおはりください。

101-0052

東京都千代田区神田小川町3-24

白水社 行

購読申込書

■ご注文の書籍はご指定の書店にお届けします。なお，直送をご希望の場合は冊数に関係なく送料300円をご負担願います。

書名	本体価格	部数

★価格は税抜きです

（ふりがな）

お名前　　　　　（Tel.　　　　　）

ご住所　（〒　　　　　）

ご指定書店名（必ずご記入ください） Tel.	取次	（この欄は小社で記入いたします）

『ランシエール《新装復刊》』について	(9847)

■その他小社出版物についてのご意見・ご感想もお書きください。

■あなたのコメントを広告やホームページ等で紹介してもよろしいですか？
1. はい（お名前は掲載しません。紹介させていただいた方には粗品を進呈します） 2. いいえ

ご住所	〒 電話（ ）		
（ふりがな） お名前	（ 歳） 1. 男 2. 女		
ご職業または 学校名		お求めの 書店名	

■この本を何でお知りになりましたか？
1. 新聞広告（朝日・毎日・読売・日経・他〈 〉）
2. 雑誌広告（雑誌名 ）
3. 書評（新聞または雑誌名 ） 4.《白水社の本棚》を見て
5. 店頭で見て 6. 白水社のホームページを見て 7. その他（ ）

■お買い求めの動機は？
1. 著者・翻訳者に関心があるので 2. タイトルに引かれて 3. 帯の文章を読んで
4. 広告を見て 5. 装丁が良かったので 6. その他（ ）

■出版案内ご入用の方はご希望のものに印をおつけください。
1. 白水社ブックカタログ 2. 新書カタログ 3. 辞典・語学書カタログ
4. パブリッシャーズ・レビュー《白水社の本棚》（新刊案内／1・4・7・10 月刊）

※ご記入いただいた個人情報は、ご希望のあった目録などの送付、また今後の本作りの参考にさせていただく以外の目的で使用することはありません。なお書店を指定して書籍を注文された場合は、お名前・ご住所・お電話番号をご指定書店に連絡させていただきます。

は、「意味」の果て＝「無意味」が自立しているからである。いずれにしても、ブルースは閉鎖性と開放性の一つの均衡状態であり、変化しないかぎり生きていくことはできない。パットン・スタイルはパットンかぎりのものであった。それがパットンならぬブルースの生命力、バットンが作り出した音楽の生命力だった。それは多かれ少なかれ、他の音楽とも共通した力であったろう。ブルースの発生は一つの偶然に止まるだろう。だから？　ブルースの力は必然であり、普遍的である。「一つの環境は一つの周期的反復によって存在するようになるが、その周期的反復の効果は、環境を別の環境に移行させる差異を生み出すことだけだ(37)」。

3　ビロードの憂鬱／主体の技法

〈労働者〉や〈女性〉は表面的には不可解なところのまったくないアイデンティティである。

(36) たとえば、元はポール・オリバー前掲書の付録であった音源集、「ストーリー・オブ・ブルース」（ソニー・ミュージック）に収められたガーナの部族の歌、「ヤルム賛歌」を参照。
(37) ドゥルーズ＝ガタリ前掲書三六一―三六二頁。

全員が、誰が問題になっているのか分かる。しかし、表面的には言わずもがなである実在命題に含まれる誰とどのようなの関係を問うことにより、政治的主体化は彼らをそうした明証性から引き離す。政治における〈女性〉とは、認められた持ち分（一方の性ということだ）と分け前の無さの間にずれがあると測定している経験主体のことであり、その意味で脱自然化され、脱女性化されている。〈労働者〉あるいはむしろ〈プロレタリアート〉も同様に、社会的役割としての労働という持ち分と、それを実行する人間の分け前のなさの間のずれを、共同体の「共」とは何かという定義に照らして測定する主体のことだ。あらゆる政治的主体化は、このようなずれの表出である。(38)

一定、分かりやすい話ではあるだろう。労働者は労働者であるというだけで革命主体として登場するわけではないし、女性は女性であることにより政治化するのではない。しかし、こう言い換えてみるとどうか。社会的・文化的〈アイデンティティ〉——そこには〈個人〉や〈市民〉も含まれる——なるものはまったく政治的ではない。人は自分のアイデンティティを脱するときに政治的主体である。いったい誰になったときにというのだ？　アイデンティティをもたないのだから、誰でもない。誰でもない人とは誰か？　そんな人はどこにもいない……。ランシエールの定義にしたがえば、これが最終解答であるかぎり政治が出現することはないし、哲学や広義の社会学は、これを最終解答とすることで政治を否認してきた。誰でも誰かである、この明証性への拝跪を求めるのが彼の言う「ポリスの論理」だ。これに対し「政治」の論理のほうは、「どこにもいないない」を異なる視角から解釈する。それは「いない」を、全体の在り方が「いる」ことを禁じるような具合になっていると受け取るのである。このとき、アイデンティティを捨て誰でもなくなるとはむしろ、今存在している全体を自分を「位置づける」全体（＝自分の「位置」を決める座標系）としては承認しないという態度にすぎない。私や我々は、現在の全体が求め、定めるような人間ではない。「どこにもいないない」のは、私や我々が存在可能な全体のほうだ。全体は別のようでありうる、また、あるべきである——。つまり脱自己同一化により、主体は共同体のほうを現在の明証性から切り離しているのであって、主体は共同体から与えられる自分の「現れ」を受け入れるのではなく、自分で自分に存在を与え直すことにより、同時に「共同体を共同体から切り離す」のである。[39]この二重の操作を行うのがランシエールの考える政治であって、そこでは主体になるということと、政治的であるということが厳密に一致している。あるいは、その二つが一致するようにしか主体も政治もありえない。それはともあれ、共同体のどこにもいない人とはまた、ただ人であるだけの人、人である普遍性だけにより存在している人であるだろう。そのような人は「全員」である。どこにもいない自分は、誰とでも同じである自分だ。言い換えると、自分と共同体のそれぞれを二重化する瞬間、

（38）ランシエール、『不和』、七〇―七一頁。訳文は変更している。
（39）同書七〇頁。

政治的主体は「部分」としての自分を「全体」に一致させている。これはしかし、論理的には端的な「間違い」である。あるいは途方もなく無茶な要求である。ただ人であるのは誰でも同じであって、そこには何の不思議もないように思えるし、そう思えるかぎり政治は生起しないが、何かを政治的に疑問視する可能性は、それが部分と全体を混同する間違いであること、〈私（たち）はすべてである〉、〈「すべて」の名において「私（たち）」の分け前を求める〉という「妄想」であることに依存している。またしかし、要素と集合の区別はあくまでも論理的な区別であって、現実の世界においては個人と集団、部分と全体は衝突する可能性こそあれ、それぞれが別の世界に互いに棲み分ける可能性のほうがありえない。現実が一つの世界であるかぎりは。間違いを犯さなければ政治的になれないが、その間違いは、論理性より事実性を優先させるだけで生まれてしまうのだ。「誰もが同じようにただ人である」という命題はつまるところ、困難と容易、無理と当然、不可能と可能を一致させており、その一致の名前が政治である。あるいは、民主主義的で平等主義的な言明が至極当然の主張から不条理な緊張関係の表出に変わるときに、ことは政治問題となる。

だとすれば、ブルースからロックにいたる歴史において、最初に政治的な音楽を奏でたのは、その「現れ」においていささかも政治的なところをもたなかったヴェルヴェット・アンダーグラウンドであると言うことができるかもしれない。ブルース共同体からも、ウッドストック的なロックンロールコミュニティからも遠くはなれ、ロックの「揺れ」をロックを位置づける座標系の揺らぎに変えてしまった彼らこそ。彼らの位置づけ難さは、最初のアルバム『ヴェルヴェット・アンダーグラウンド・アンド・ニコ』について語るルー・リードの言葉に集約されている。「誰だってこれらの曲を演奏できたはずだ。僕が好きなのはそこんところだね(40)」。表面的にはまったく不可解なところのない言明である。彼らの曲はいたって簡単だ。しかしこれを、どんな名人芸も必要とせず、どんな素人にも演奏できるブルース、と言い換えてみると、明証性はそのまま一つの不条理に反転する。いかなるテリトリー化も行わないリフ＝リトルネロが存在する、とは、秩序がないにもかかわらず秩序と秩序の〈間〉があると主張するようなものだ。デルタ出身でない黒人はおろか白人にも、アジア人にも、さらにはどんな専門家性ももたない人間にも演奏できてしまうブルースは、もはやブルースではないというだけのことか？　プレスリーにおいてすでにロックはブルースのガジェットに、あるいはブルースがロックのガジェットになっていたではないか？　しかし、ことはそう単純ではない。

〈毛皮のヴィーナス〉も〈ヘロイン〉も〈オール・トゥモローズ・パーティ〉も〈日曜日の朝〉も実に簡単な曲であって、実際、寄って集ってコピーされた。しかし簡単な曲は世界中に無数にあるし、ビートルズもローリング・ストーンズも同じように寄って集ってコピーされ、そもそもストーンズはブルースを必死にコピーしようとした。斬新なコード進行をもち、独特な調子でメロディアスで

（40）ヴェルヴェット・アンダーグラウンドのアルバム・ボックスセット（輸入盤）、*The Velvet Underground – Peel Slowly and see*（Polydor）に付属のブックレット、一九頁。

あるビートルズの曲は、いくらコピーしてもビートルズの曲である。ストーンズの独自性は、ブルースを忠実にコピーしようと思ったが失敗した「意図せざる」結果である（たとえ失敗に何かを賭けようと無意識のうちにしていたとしても）。ミック・ジャガーの踊りからして、多くの黒人たちが笑って、あるいは苦々しく認めたように、ジェームス・ブラウンの奇形的コピーだ。それに対し、ヴェルヴェット・アンダーグラウンドの曲はコードは一つだけのこともあるし、リフやメロディーもどこかで耳にしたようなものが多い。〈There She Goes Again〉など、はじまりはマーヴィン・ゲイの〈ヒッチハイク〉そのままだ。ヴェルヴェッツのコピーは曲そのものをコピーしようとして行われるのではありえない。そして彼らは、もはやブルースマンたちを「崇拝」していない。「ルーも俺も、ブルースを何か宗教のように思ったことはないね。リフを全部覚えて必死にその通り演奏しなくちゃいけないようなもの、とはね。ルーや俺がマイク・ブルームフィールドのようになる危険なんてまったくなかった。形式としてのブルースにはぜんぜんこだわらなかった」[41]（スターリング・モリソン）。しかし彼らが「研究」したのは、ライトニン・ホプキンスであり、T・ボーン・ウォーカーであり、ジミー・リードであり……ロカビリーを演奏してみる、〈デイ・トリッパー〉をコピーしてみる、そんなこともしている。もちろん、仕上がりに「黒っぽい」ところをまったく感じさせない『ヴェルヴェット・アンダーグラウンド・アンド・ニコ』（ステージでは何しろドイツ女が「彫刻のように」突っ立って一本調子でうたう）が黒人音楽ばかりを加工して出来上がったわけはなく、ジョン・ケイルによれば、バンドのコンセプトの一つは「四人編成でフィル・スペクターをやる」[42]

ということだった。オーバーダビングを重ね、音がたくさん鳴っている〈あたかも「音の壁」があるように、と言われた〉、R&Bにワグナー風の伴奏をつけたスペクターのアレンジを、バンドでリアルタイムに再現する。彼らの音をひとまずそう位置づけることはもちろん正しい。けれどもこうした特徴の記述を重ねれば重ねるほど、それは彼らの音が色々なものに似ていた、つまり特に彼らの音があるわけではないと述べるのと同じ結果になっていく。実際、似ているのは大衆音楽ばかりではない。ケイルによるビオラの使用法は、ラモンテ・ヤングのドリーム・シンジケートにおいて開発されたものだ。

ヴェルヴェット・アンダーグラウンドは一つのポップアートであるから簡単にコピーすることができ、同じく一つのポップアートであるから特性を欠いている。まさに。彼らは芸術を非芸術に一致させようとしたウォーホールのファクトリーをスタジオ代わりに使い、彼に金銭的援助を受けてアルバムを制作し、彼のプロジェクト、Exploding Plastic Inevitable の一員として各地を回り、なにより彼にアルバム・ジャケットを描いてもらいウォーホール印のロックとして世に現れた。その彼らの音が、大衆音楽から現代音楽まで既存の音楽を無差別に要素として取り入れ、なおかつシンプルで軽い、シニカルで馬鹿馬鹿しいアレンジを施されているのは自然なことだ。〈誰にでも演奏でき

(41) 同書一三頁。
(42) 同書一一頁。

る〉はまさにウォーホールの〈誰もが一五分間は有名人になれる〉と並べて受け取られるべきだろう。けれども同時に、まさにここからヴェルヴェット・アンダーグラウンドの不可解がはじまる。すでに見たように、非芸術と無媒介に一致する芸術とは芸術の美学体制全般における芸術のあり方そのものであり、ウォーホールは遠くドイツロマン派にもフローベールにも先立たれていた。芸術と生の一致はフルクサス[43]よりもはるか昔にシュレーゲルの教説として明示的に提出されていたし、ウォーホールはこうした芸術の王道を歩んでいたにすぎず、ポップアートはあくまでも芸術としてのアートである。芸術音楽は少なくとも二〇世紀に入るや自覚的に楽音の拡張、ノイズの楽音化を不断の傾向として内部に抱えるようになっていた。つまりウォーホールあるいは芸術のほうから見たときには、ヴェルヴェッツは新しく芸術に一致させられた非芸術、芸術の外として十全に位置づけることができる。しかし、ヴェルヴェッツのほうから事態を眺めてみたときには、この位置づけ可能性そのものが彼らの位置の座りの悪さを招来せずにはいない。最初外部にあったものは、芸術のなかに昇進させられるとどうなるのか？　もはや芸術であって大衆音楽ではなく、安っぽさはアート性の仮象になるのか？　こうした昇進認定自体が安っぽく思えるのは、芸術のほうではるか以前から自身の外部を〈美〉化してきた歴史があるからである。生のほうが芸術に「昇る」以前に芸術のほうが生に「降りて」きていた歴史をアートロックなる呼称は忘れている。ロックがアートになったと「評価」することは、一人で成り上がりを慶ぶ滑稽さに通じるものがあるし、なによりヴェルヴェッツ自身がそんな「昇進」など馬鹿にしていたろう。そうでなくては、ウォーホール印のロックとさえ呼べない。ヴェルヴェッツはあくまで一つのポップアートである。ウォーホールがシルクスクリーンにより絵画を「刷った」ように、彼らは音楽を「製造」した。ルー・リードは大学を卒業してバンドをはじめるまで、サラリーマン作曲家として「スーパーマーケットで売る音楽」[44]を作っており、彼は自分の仕事に嫌気がさしていたけれども、そこで鍛えたフレーズやリフを処理する「腕」は、そのままヴェルヴェッツで用いられており、「昇進」にともなう実質的変化は何もない。

外部を呑み込んだ芸術、民俗音楽の要素を取り入れた芸術音楽は一九六〇年代末までに無数に生み出されてきたが、そのような芸術に一致する非芸術のほうは実のところ芸術の美学体制のなかに居場所がない。この体制はあくまでも芸術の体制であり、非芸術との一致は芸術の規定であるのだから。もちろん、芸術と一致してしまった非芸術はもはや非芸術のなかに位置づけられることも不可能であり（実際、ヴェルヴェッツは芸術ほどにアナーキーではないか。ウォーホールは決してスーパーでは買えないではないか）、〈ウォーホール＝ヴェルヴェッツ〉という結びつきからは、結局のところ、〈異なるものの一致〉だけが残る。何の規定でもない規定としての〈自己との差異〉が出

(43) この芸術運動集団については何より、塩見允枝子、『フルクサスとは何か――日常とアートを結びつけた人々』（フィルム・アート社）を参照。
(44) ヴェルヴェット・アンダーグラウンド以前のルー・リードについても前掲ブックレットに詳しい。

現する。非芸術との一致として自己規定してきた芸術、そして芸術の規定であった〈自己との差異〉が、構造的に可能なはずの裏返しを拒み（芸術は非芸術であると言えても非芸術は芸術であると言えない）、〈差異であって他の何ものでもない自己〉とその規定になる。これまで、芸術がそれを拡張の運動に変えることにより自身の「一」性をかろうじて保ってきた〈非芸術との一致〉、〈自己との差異〉が、まる裸に、純粋になるのだ。ヴェルヴェッツによってというより、正確には彼らの登場、彼らによるロックのアートへの〈登録〉によって。芸術から非芸術へでも非芸術から芸術へでもない、〈自己との差異〉の生産。芸術でも非芸術でもなく、「どこにもいない」ものが現れてしまった。芸術の美学体制のなかに、である。かくして芸術が芸術から切り離される。〈労働者〉や〈女性〉が自分を自分から切り離して共同体を共同体から切り離したように。「民衆が民衆そのものと異なっていることは告発すべきスキャンダルではない。それは政治の行使の第一条件なのである。自分自身と異なっていることが固有性である民衆主体の見せかけの領域が存在するときから、政治は存在するのである[45]」。〈民衆〉は歴史的に見て、共同体を共同体自身から切り離す多様なもののなかの最初のものであり、「主体と主体の現れの領域の最初の登録[46]」であった。政治において最初に訪れる者の名は〈民衆〉だった。ヴェルヴェット・アンダーグラウンドはたった四、五人であっても、そこに何番目かに訪れた者の名であり、彼らの〈誰にでも演奏できる〉は政治的主体に特有の「ずれ」あるいは「間違い」の表示にほかならない。実際、現実には誰もヴェルヴェットのようには演奏できなかったではないか？

どんな芸術とどんな芸術が切り離されるのか。これはジャンルやスタイルの問題ではなく、ポリスの論理と芸術の美学体制の関係から出発して考えられるべき問題である。この二つは〈模倣〉の禁止によってそれぞれを支えあっている。ポリスの論理は靴屋が同時に農民であったり、まして政治家であったりすることを戒め、人が鳥の真似をするような芸である音楽を端的に共同体から追放しようとした。芸術の美学体制は一見その禁圧の解除のように思えるものの、芸術の固有性としてただ一点のみを公認する。世界との関係から〈模倣〉を排除すること。厳密に論理的に言えば〈媒介〉の排除であるけれども、歴史的・現実的には、その媒介が〈模倣〉だった。作品が自らに先立つ〈いかに〉をめぐる原理をもたない、とは、対象を表象 représenter しない、模倣しないという意味だった。つまりポリスの論理も芸術の美学体制も、自らを模倣から切り離す操作によって成立するのであり、そのように成立した〈自己〉から切り離されるもう一つの〈自己〉は〈模倣〉でしか、模像としての〈自己〉でしかありえない。芸術の美学体制のなかにあるときには、ウォーホールによる商品コマーシャルの模倣は、非芸術との一致の一つの形態、芸術が自己と異なる一つのあり方と位置づけることが可能かつ必要であるけれども、その外にあるときには、ただのコピーに止まるだろう。デュシャンの〈泉〉と同じように。もちろん、そうであることによって、それまで感覚されなかった〈一

(45) ランシエール、『不和』、一五一頁。
(46) 同書七〇頁。

致〉、芸術を成り立たせる根本的な偶然性が直接的に感覚されるようになったものの、だからこそ、芸術への揺り戻しもまた加速されることになる。そして切り離された芸術の〈自己〉としての〈模倣〉は、ウォーホールにあっては安定していない。彼には模倣することに意味があり、あるいは模倣が彼の方法であり、模倣の方法、模倣を自立させる仕組みが、彼には必要ないのだから。そして、ヴェルヴェットが持ち込んだのはこれである。

光る　光る　光る革のブーツ
闇の中の鞭打ち少女
あなたのしもべが喜んでやってくる　彼を見捨てないで
叩いて！　女王様　どうか彼の心を癒して

街灯奇想の柔らかい罪
彼女の着る衣装をさがし求める
白テンの毛皮が傲慢さを飾り立てる
セヴェリン　セヴェリンがあなた様を待っている

私は疲れている　へとへとだ

千年のあいだ眠れる
私を起こす千の夢
涙でできた違う色

光る　光る革のブーツにキス
闇の中の光る皮
皮ひもをなめろ　おまえを待つベルト
叩いて！　女王様　どうか彼の心を癒して

セヴェリン　セヴェリン　つぶやいて
セヴェリン　ひざまずいて
鞭を味わえ　真剣に与えられた愛の中で
鞭を味わえ　私のために血を流せ

光る　光る　光る革のブーツ
闇の中の鞭打ち少女
あなた様のしもべセヴェリンが喜んでやってくる

どうか彼を見捨てないで
叩いて！　女王様　どうか彼の心を癒して(47)

誰がうたっているのだろう。私はセヴェリンなのか女王様なのか、ザッヘル・マゾッホなのか、ルー・リードなのか。この拡散、この不在は、ヴェルヴェット・アンダーグラウンドの音を特徴づけるものそのものだ。音の組織化に、中心がない。全体を牽引する支配的な音がない。マーヴィン・ゲイやボー・ディドリーの軽快なリフにはけだるい歌声が応答し、ギターはダウン・チューニングされていて、なにより、豪華で力強い前進を演出するにはうってつけのシンバルの音が決して響き渡らない。膨大な数の波形を一打で合成して音の層に厚みをつけるこの金属音の代わりを果たすのは、ギター・ノイズであり、ピアノの連打であり、それらも和音をかき鳴らして「総合」の枠になるというより、それぞれ単音を、形成されるべき音の輪のなかに投げ込むだけである。音の壁は各「ピース」平等の原則により構築されるのだ。「ある一人が他の一人より強いということが分かってしまう」(48)ことのないように。語の意味に忠実なポリフォニーである。ナイジェリアのパーカッション・グループを好んだモーリン・タッカー(49)は、決して一人でリズムを決めよう、リードしようとはせずに、どれだけ打数を減らして合成過程に参加するかに意を砕く。持ち込まれる、言い換えると、元の集合体から分離され、切片化されて投入される音楽要素すべてに全体が平等に決定づけられるために、生み出される音は色々なものにその都度似ていて、ゆえに特に何にも似ていない。カメレオンのように。たったの四人＋一人が、少ない音の数でオーケストラほどの厚い音の層を作り出す。

しかし単なる並置だけによっては「一」性は生み出されず、〈毛皮のヴィーナス〉と〈ヘロイン〉の場合には明らかに、ヴィオラのドローンが全体を一つの持続に編み上げる「中心」の役目を担っていた。「ラモンテがもってたブルース理論なんだ。基本コード全部をどうやって同時に鳴らすかというね。これがヴェルヴェット・アンダーグラウンドの基礎だ。三コードの歌なら、歌全体に〝合う〟二つの音をヴィオラでピックアップすればいい。それが全体に夢幻的な質を与えてくれる」[50]（ジョン・ケイル）。これは彼らなりの「音の壁」の解釈でもある。すなわち、進行を同時性に変えることで、持続を形成し直す。ヴィオラの持続音は、パッセージに音程差を測る基底音を与えるというより、前のコードの記憶を次のコードに移行する際に持ち込ませ、複数のコードを同時に鳴っている音の層に変える働きを期待されている。過去と現在と未来が継起の蝶番を解かれて、持続する〈今〉の層に変わる。層をなすのは必ずしもコードでなくてもよいだろうし、ヴィオラのドローンは音の幅

（47）ルー・リード作詞、「毛皮のヴィーナス」。翻訳は『ニューヨーク・ストーリー――ルー・リード詩集』（梅沢葉子訳、河出書房新社）による。
（48）前掲ブックレット一一頁。
（49）同書一七頁。
（50）同書一一頁。

の中心というより、コードを鳴らす度にできてしまうそうした中心を解き、時間の蝶番を外す役目を担っていると言うべきだ。ドローンはここで、オクターヴや和音に代わって音空間の同一性を支える（中世音楽に戻るようにして）のではなく、音楽の時間性を継起から同時性に、進行から持続に変える役目を引き受ける。前と後の交代ではなく、今ここにある過去と、過去からやってくる未来の共存。だから、ケイルがあるところで、彼らの方法をオーソン・ウェルズの映画に準えているのは偶然ではない。「彼はセリフを四人に同時にしゃべらせた。そうなるとこちらは本当に注意して聴かなきゃならない。こういう風に人の興味を引くやり方は本当に効果的なんだ[51]」。そこに中心があるとすれば、それは〈ローズバッド〉だ。『市民ケーン』のなかで、何であるのか結局明かされないまま物語を引っ張っていく不在の中心。ヴェルヴェッツはオーソン・ウェルズのように、時間と運動の関係を逆転させる。どれだけ進行＝移動したかによって時間の経過が測られる（運動への時間の従属）のではなく、持続が変化を保証し、その幅を決める（時間への運動の従属[52]）。そこでの速度は、重なり合うずれ（四人のセリフの間、複数の音の間の）の密度である。運動は進行ではなく増大と減少の変化である。〈ヘロイン〉におけるテンポの変化を考えてみれば分かりやすい。そこでは確かに物理的なテンポが速くなったり遅くなったりしているのだが、それは、この変化に主導されて曲が展開する（指揮者がタクトによってテンポを操作するように）ということではなく、事態は逆であって、リードギターの単音にはじまり、サイドギターの複音、ドラム、ヴィオラが次々に入ってきて層が膨らむに連れ、生起するずれに触発されて音を追いかけ新たな音を挿入するプロセスが、テンポをコントロールする。通常なら戒められる「走ってしまう」結果そのものを、層の膨らみの変化によりコントロールし、それを曲として聞かせようとするのだ。ベースを欠いていることにより、タクトの不在感は一層増す。〈ヘロイン〉は進行が持続に、運動の意味が継起や前進、移動から状態の変化に取って代わられた端的な例である。ヘロインを打ったときのように。

どこへ行くのか分からない
できることなら天国へ行きたい
男になった気分になれるから
静脈に針を入れると
世の中が変わってくる
快感が押し寄せると
キリストの息子みたいな気分だ
わからないだけだ

(51) デイヴ・トンプソン編、『ヴェルヴェット・アンダーグラウンド――彼ら自身による証言』、松田葵訳、洋泉社、二四頁。
(52) もちろん、ドゥルーズの映画論におけるオーソン・ウェルズをめぐる分析を参照すべきである。Gilles Deleuze, *L'image-temps* (Cinéma 2), Minuit, pp.138-139.

わからないだけだ
……（53）

ドラッグによる感覚の変容はその変容に安定した形を与えることができず、どれだけ長時間続いたとしても、実現される〈今〉は瞬間でしかない。ドラッグの肯定は、現実のドラッグほども反社会性をもつことはできない。では感覚の変容に与えられた形が「作品」ではなく誰にでも利用可能な「方法」であって、その方法が一人ではなく集団によってはじめて実行されるものであったとしたら、どうか。哲学が〈概念〉として、芸術が〈作品〉としてこの世にあらしめてきたものが、純然たる主体性にかかわる技法になったとしたら？　時間の意味を変える方法、絵画よりも人々を動員することに役立ってきた音楽の使用を操作する技法が新たに開発されたとしたら？　結果はともあれ、この変化をうまく言い当てたテーゼがその後、提出されている。〈スタイルではなくアチチュード〉。

「その頃はまったく気づかなかったけれど、後になって分かったことの一つが、ああした初期のリハーサルがどれだけ重要だったかということだ。金曜日の夜ごと、だらだらと過ごして、ただただ演奏し、演奏し、演奏するというやり方。楽器のチューニングを狂わせることからはじめ、ガラクタを使ってみたり、とにかく〝何か〟に落ち着くまでぐだぐだやる。そうやってものすごい時間を、ものごとの違うやり方を探して費やしたんだ」[54]。「ヴェルヴェッツはステージに出て曲を即興で作るという考えだった。俺はアンディにそう話し、彼は実際にステージ上でリハーサルすべきだと言った。つまり途中で止めてやり直し、お互いと観客に曲を教えるみたいなやり方でやれってね」[55]。そのプロセスにして結果であるものを、我々は今日、〈Sister Ray〉や〈Melody Laughter〉で聞くことができる。コードにかんする一握りのルーズな約束事だけをもって演奏をはじめて「何か」に落ち着くため、ジャズマンたちは「技量」を磨いたが、ヴェルヴェッツは「方法」を練り上げた。もちろん、この方法は結果を保証するものでもそこに至る道筋を教えるものでもなく、多くの場合には失敗に終わったろう。それはむしろ、我々が音楽を聴くときに体験している、主体的で偶然的なものから普遍的で必然的なものが分離する偶然を、集団での創作プロセスのなかに導き入れる方法、出来上がった音楽のなかでは見えなくなっている偶然の訪れを演奏しつつ待つ方法であって、まさに一つの「偶然を管理する手法」だ。ブーレーズのそれと異なる、小さくかつ大きな点はもちろん、〈誰にでもできる〉である。誰にでもできる、錯乱を組織する方法。ブーレーズによれば、そのモデル

（53）「ヘロイン」、前掲『ルー・リード詩集』より。
（54）前掲ブックレット二一頁。
（55）デイヴ・トンプソン編前掲書二四頁。

はアントナン・アルトーであるのだったが[56]、個人の天才か狂気に、あるいは職業的専門家の技術に帰されていたものが、素人集団にも解放された意味は計り知れないほど大きい。ルー・リードとジョン・ケイルは決して文字通りの素人ではなかったけれども、彼らが技術ならぬ知性によって開発した方法――いかにして鳥になるか――は、ステージの上から観客に教えることができるようなものだった。今日、パンク・ロックの祖としてヴェルヴェット・アンダーグラウンドが挙げられることが多いのもそこに起因する。〈スタイル〉と〈アチチュード〉の差異は、作品にあって形式化されうる諸要素と、作品を生み出すプロセスを管理する方法の差異、と定式化することができる。

ケイルが援用したラモンテ・ヤングの「ブルース理論」は、ブルースのブルース性を時間にかかわる技術として特定しようとするものだった。コール・アンド・レスポンスによる進行が複数の時間を層化するところにブルース性がある、と彼らは考えた。ヴェルヴェッツの方法は言ってみれば、コール・アンド・レスポンスを二つのパートによる応酬から、四ないし五人が平等に行う集積に拡げようとするものだ。このとき、原ブルースに比べ二つの変化が生じているだろう。まず、分業を極力排してドラムにまで同じ参加資格を与えるため、リトルネロを構成する最小単位が、声のメロディーから〈プネウマ的パルス〉に変わっている。ドローンとして響き渡るのは、ヴィオラだけではないのだ。ギター・リフもピアノやオルガンの神経症的連打も、小さな音程差をそれぞれへのレスポンスとして連続的に放出し、全体として形成される音響の膨らみが歌の旋律へのコールとなる（ニコの歌詞のないアリアはときにその点でみごとだ）。自らを保存する過去たちのリトルネロがパルスの集積として現出し、そこで生れるリズムは第二の変化をすでに帯びている。〈ヘロイン〉に聞き取ることができたように、また〈Sister Ray〉やなにより〈White Light / White Heat〉において明らかなように、周期性のリズムに、持続の全体に、加速性が加わるのである。パルスが互いに車がかかる。〈フーガ〉をはじめ、音群の反響が時間の蝶番を何重にも外し、反響が反響を呼び込んで層化に拍車がかかる。そこではメロディーの反復からリズムの生成へという順序さえ同時性を帯びるようになり、〈メロディーとリズム〉の一対が〈反復と加速〉のそれに変態を遂げる。鳥たちの歌の交換に馬の走りが加わり、リトルネロとギャロップが分かれ[57]、ついにギャロップのほうが交換の動力に、時間の結晶を動かすものになるのだ。持続だけが聞こえるようになり、進行は完全にストップする。「いつ終わるんだと言われれば、知らないと答える。終わるときが終わりなんだから[58]」。音の壁によって形成されるテリトリーは、今や白い光と白い熱を発して広がる。

(56) ブーレーズ、『徒弟の覚書』所収「音と言葉」参照。同書六六頁。
(57) ドゥルーズは八四年の講義で『千のプラトー』での議論を修正し、音楽を構成する二大要素がリトルネロとギャロップであると述べている。『千のプラトー』には「ギャロップ」の概念は登場しない。これについてはPascale Critonの論文、«A propos d'un cours du 20 mars 1984. La ritournelle et le galop»を参照。Eric Alliez éd., *Gilles Deleuze, une vie philosophique*, Les empêcheurs de penser en rond 所収。
(58) デイヴ・トンプソン編前掲書三四頁。

4　二つのノイズ

ヴェルヴェット・アンダーグラウンドについて考えることの重要性は、単に彼らの先駆性を確認することに、言い換えるとその後出現した傾向や様式を彼らのなかに発見することにだけあるのではない。それは逆に、後に失われてしまったもの、あるいは読み違えられた意味を知るためにも役に立つ。

たとえばノイズの観念やその美学。ルー・リードには一九七五年に発表された『メタル・マシーン・ミュージック』というアルバムがある。すべてほぼ同じ一六分強の長さをもった、すべて同種のギター・ノイズだけからなる四曲をタイトルも付けずに並べた「問題作」。ケージの〈四分三三秒〉と同じように「コンセプチュアルに傑作である」と評するか、「ノイズは美しい」と新しい美の誕生を祝うか、一度聞いて死蔵するか(あるいは売るか)。確かにこれがなければロック系ノイズ・ミュージックなるジャンルそのものが存在しなかったろうし、それはまた、一種の音のサンプルを多くのミュージシャンに提供したろう。面白いか面白くないかぐらいしかどんな評論家にも言えなくして笑い者にする仕掛け、音楽が言葉を越えていることの逆説的宣言、情念の直接的表出が音楽だと勘違いさせるシニカルな罠、手の込んだ謎かけ遊び、等々……　ルー・リード自身、後に「あれは巨大な〝くそ食らえ〟だった」と言ったこともあった[59]。何が分かったのか分からないでも分かったと言えるような作品を出してしまう罪は確実に存在しているし、ノイズには中毒性の快があると知らしめる功罪もまた存在しているだろうが、なぜそれを作ったかは彼自身がはっきり語っている。これはドローンである、と。「ラモンテを聴いてから、ずっとあんなのをやることを考えてきたんだ。クセナキスもたくさん聴いてきたけれど。ドローンって知ってるかい？[60]」ノイズの洪水はドローンとして構想された。けれども、これは実に奇妙なドローン観でもあるだろう。そもそもドローンは、音程の基準を複数の演奏者に提供するために鮮明な単音で発せられるか、ラモンテ・ヤングによるドローンそのものの作品化のように、少数の周波数比とその合成波だけを響かせようとするはずである。いずれにしても、そこで聴き取られることが期待されているのは周期性であり、どのような音もそれ自体で反復であるという原始的な事実にほかならない。ドローンを用いるとは音楽を「音高の音楽」として組織することであり、純正律を用いようが十二音平均律を採用しようが、その点に変わりはない。調律法の差異は音の周期性をどこまで厳密に要求するかにかかわり、ヤングは平

（59）デイヴ・トンプソン編前掲書六九頁。
（60）同書六八頁。

均律では隣り合う音間の周波数比が「二の十二乗根」という無理数となり、純正律のように有理数比に現れる周期性が確保されないという理由で平均律を退けたのだった。[61]平均律では純正律より音高が曖昧であり、非周期性を特徴とするノイズにあってはさらに、音高という概念そのものに意味がなくなるのだ。だからノイズは「音響」と言い換えられてきたわけだが、音響的ドローンとはそもそも形容矛盾であることが忘れられてはならない。周期性を欠いた周期性と言っているのだから。そこでの音のまとまりをクラスターと言い換えても問題は変わらない。ドローンはいわば母音（周期性のある声）だけから、ノイズは子音（非周期性の声）だけからなる音声を作ろうとしたのであり、母音＋子音＝言語的音声＝楽音と言い換えたのでは、そもそも二つを切り離そうとした試みをなかったことにする結果になりかねない。クラスター概念の流通にはどこかそうした安易さがつきまとう。

ケイルによって「ヴェルヴェット・アンダーグラウンドの基礎」として導入された時点で、「ラモンテ・ヤングのブルース理論」あるいは彼のドローン概念そのものがすでに実質的意味を変えられていたと見ることができるかもしれない。実際、ヤング自身が編成したブルース・バンド（The Forever Bad Blues Band）による演奏〈Dorian Blues in G〉は、ヴェルヴェッツとはまったく異なり、どこにも「ノイジー」な響きがない。すべての楽器が純正律により調律されており、ピアノの単音の反復（それがドローンとなる）からはじまって極めてゆっくりと音が増え、全体の演奏に二時間を要するブルースは「ノイズの美学」とは無縁なものだ。基底音Gも次第に、Ⅰ―Ⅴ―Ⅳ度と移動するようになり、ケイルのヴィオラのように、三つのコードを貫いて鳴る二音はどこにも聞かれない。そもそもこの二音については、基本三和音に共通する二音は存在しない以上、コードの観点からは「ずれた」音、「ノイジーな」音と言うほかないだろう。つまり、〈前に鳴っていた音を次の音が登場した後にも保存して同時に響かせる〉という基本命題を適用する仕方が、ヤングとヴェルヴェッツではまったく異なっているのである。ヤングの場合には、音そのものの周期性、持続性――一度鳴った音がいつまでも響く――に期待されていた機能が、ヴェルヴェッツにあっては「ずれ」の表出――どのコードからも（正確にはどのコード変化からも）ずれているという事態の継続――に代替されている。時間の蝶番を外して移動に従属しない純粋持続を実現する方法が異なっている。ヤングにあっては純正律に託されていた働きを、ヴェルヴェッツは音のずれに担わせる。母音が永遠に鳴り響くエターナル・ミュージックか、母音と子音がいつまでもうまく合体せず「どもってしまう」音楽か。吃音がこの二つの統合不全から生じることは広く知られているだろう。音響的ドローンあるいはクラスターは、言語的楽音である以前に一つの「どもり」である。だからなのか、実際、〈Sister Ray〉においてルー・リードの歌はどもっている。〈Here She Comes Now〉にお

（61） La Monte Young, *The Well-Tuned Piano* への作曲家自身によるライナー・ノーツ。その邦訳は http://www.geocities.jp/pagainrail/lamonte/top.html で読むことができる。

いてもまた。いずれにしてもノイズは、方法としてのヴェルヴェッツにおいて、美しくあるいは汚く感じられる〈音色〉にかかわる音響現象ではなく、時間性の（再）組織化として捉えられたブルースの基本要素を構成する。ノイズと「どもり」は一つの同じ方法のうちにあるのだ。そして吃音がブルースにあってはリズムの生成、新しい時間性の創出に深くかかわりうることは、ジョン・リー・フッカーの〈どもりのブルース〉を聴けば了解されるはずだ。フッカーはそこで四拍子と三拍子のずれが結晶化することとしてリズム＝吃音の誕生を実演してみせた。チャーリー・パットンの「ずれ」が「横滑りしながら進むリズムの拍動」にあったのに対し、言い換えると、滑らかに次第に外れていくこと、またそれが反復性の揺らぎを生むことにあった[62]のに対し、そこでのフッカーは頭から「どもり」を撹乱的に導入することにより、そうした揺らぎをすぐさま作り出そうとする。フッカーの吃音はまるでケイルのヴィオラのように、滑らかな進行を最初から妨害し、脱臼させる。パットンとフッカーの差異は、ヤング／ヴェルヴェッツのそれをどこか想起させるものだ。

『メタル・マシーン・ミュージック』のテープを聴いた発売元の担当者は、これをクラシックのレーベルから出すことを強く主張したという。ルー・リードはそれを拒否して結局様々な商業的雑音の渦に巻き込まれることになるのだが、その担当者はたぶんシュトックハウゼンの次のような考え方をよく知っていたにちがいない。

ノイズというカテゴリーはサウンドのカテゴリーよりも大雑把かというとまったくそんなこ

とはない。むしろ反対である。例えば無声音の子音が母音よりも優勢な言語があるほどである。当然ながら、新しい音楽言語においては、非周期的な波長関係がすべての形式的局面を細部においても全体においても規定する。それによって周期性とは非周期性の極端な一ケースということになる。子音的、つまりノイジーな音響現象がそこではきわめて重要な役割を果たし、その意義はこれからも増大していくだろう。(63)

ギター・ノイズしかない『メタル・マシーン・ミュージック』はまさにシュトックハウゼンの五〇年代の見通しを実証する作品のようにも思える。しかし同作があくまでヴェルヴェッツの最初の方法的理念の延長にあるかぎり、両者の考え方には大きな隔たりがある。シュトックハウゼンがノイズと楽音を「サウンド連続体」として捉え、ノイズの非周期性が漸次的に減少していくと周期性の楽音が出現すると見なすのに対し、ヴェルヴェッツのノイズはあくまでも周期性と非周期性の差異そのものを結晶化させて、サウンド進行の連続性に切断を持ち込もうとするからだ。子音の極限として母音を考えるのではなく、子音と母音の差異そのものに吃音という表現を与えて自立させ、

(62) Giles Oakley, *The Devil's Music*, Da Capo Press における分析を参照。四九—五六頁、一四一—一四二頁。
(63) カールハインツ・シュトックハウゼン、『シュトックハウゼン音楽論集』、清水穣訳、現代思潮社、一六四—一六五頁。

「スムーズな進行」を阻むこと。あるいは子音がノイズだと考えるのではなく、子音と母音の差異の結晶がノイズだと捉えること。『メタル・マシーン・ミュージック』は音の洪水ではなく渦巻き――前方へと放たれる音が前に進まない――と言うべきだろうし、周期性を欠いた周期性という形容矛盾、ロジックにおける進行停止はヴェルヴェッツのノイズ理念を正確に表してもいるわけだ。その矛盾を構成的なものと考えるかぎりにおいて。シュトックハウゼンが一つの連続性のもとに解消を図る差異に、ヴェルヴェッツは物的定在を与え、その「瘤」の重さにより別の連続性を切断しようとする。過去と現在と未来が同時である純粋持続という反復を出現させるために。なるほどシュトックハウゼンにあって反復は、まさにノイズの導入によってようやく退けることが可能になった負性の刻印を帯びている。「偶然性（これはシュトックハウゼンにあって非周期性のノイズと一回性を共有している――引用者注）の操作は現在ますます重要性を増している。演奏の一回性、演奏者が常に同じ人間ではありえないように、作品もまた反復不可能であること（……）」(64)。ブルースの純粋持続における偶然性は決して一回性ではない。それは反復を強いるもの、過去がもはや現在を決定せずに未来を一つの未決定とする状態を出現させて、私の歌を私たちの音楽にすることを可能にするものだ。三つの時間が同時であるから必然の流れが途切れ（必然とは一つの連続した流れでなくて何であろう）、同じく三つの時間が同時であるから足踏み以外は行えず、私たちは音楽の訪れを待機する態勢に置かれることになる。床を踏み鳴らすジョン・リー・フッカーの靴の音には、ダルムシュタットで作曲を学ぶのと同じだけの意味がある。『メタル・マシーン・ミュージック』から聞き取るべきはそのことだ。

この方法に即興演奏という名前ほどそぐわないものはない。その名前が単に恣意的であることや、シュトックハウゼンが定義するように「作曲家が計画した基本シェーマに何かを付け加えること」[65]を意味しているのであれば。もう少し詳しく言えば、「ドローンに旋律をのせたり、所与の基本旋律や誰かの創作した旋律を一定のリズムと和音の基本シェーマのなかで変奏する」[66]ことを。付け加えたり、「なかで」変奏したりしているのではない。「基本シェーマ」から基本性を支えている必然性を〈引き去り〉、変奏がそれ自体で新しい「基本」を生むよう、「なか」を押し広げるよう〈繰り返して〉いるのである。シュトックハウゼンとヴェルヴェット・アンダーグラウンドを、あるいは二つのノイズ概念を、またあるいは芸術音楽とブルースをつきあわせ、その差異を考えることとは結局二つの音楽空間を区別することに行き着く。一方には、楽音の同一性原理がノイズとは何かを規定する空間があって、そこでの同一性原理は音列が同一の関係を保ったまま同じ空間内を transposable であることを保証しながら、単一の音を決定している。transposable であるか否かは

(64) 同書一六九頁。
(65) 同書同頁。
(66) 同書同頁。

転調が可能であるかどうかとは必ずしも一致しない。純正律によって張られる空間にあっては、有理数比を保って移動することが音列をtransposerさせることとそのものであり、平均律にもとづきオクターブを一二から二四へ、二四から三六へ、さらには無限小に分割する場合にも、音高によらずに音群をグループあるいは単一の音として同一化する原理は様々に構想可能であるだろう。全面的セリー主義以降の作曲とは、それを考えることにあったと言ってもいい。要するに、同じ音の「同じ」とは何かということと、「間違った」音——それがノイズだ——を判別する基準を、演奏に先立って規定している空間であり、演奏されなくても曲が同一の曲として存在することを保証する空間であり、作曲者という存在を可能にする空間である。その「なか」で作曲することとそれを構成することが区別されない、あるいは連続している、それがシュトックハウゼンにとっての音楽を作るという営みだ。素材が電子音であっても、ヘリコプターのローター音+弦楽器の音であっても、偶然性が曲のどこかに書き込まれていても（「右に行くか左に行くか好きにしたまえ」という指示として）、音楽空間において音楽を作るのは彼である。ところがもう一つの音楽空間にあっては、同一性は最初、時間的変化を伴う音群単位でしか与えられない。誰某のリフ、誰某のメロディー、誰某のリトルネロはそれぞれ固有名詞として場に集うのみであり、空間に構造は欠けている。そこではメシアンが発見したように、「上手く」うたえる鳥とそうでない鳥がいるだけだ。「上手さ」とは新しいまとまりを形成しうるように反応できる能力以上でも以下でもなく、ノイズとは決して「下手」の別名ではない。それはリズムと不可分に結びついてまとまりをより大きなものに拡大する要素であり、リズムが境界‐臨界に形式を与えるとすれば、ノイズはその素材をなすものだ。両者はただ一つの、それとして自立した〈不等なもの〉、〈共通尺度をもたないもの〉を形成する。四拍子のなかに突然導入される三連音符の吃音性が〈不等なもの〉のリズム的形式であり、子音と母音の非結合、あるいは同じことだが両者の特殊な結合から生まれる音の響きが、おなじ〈不等なもの〉の素材となって形式を支える。ノイズは空間の外にではなく間にしか成立せず、リズムと結合して〈間〉の自立を指示するのだ。外の空間がいかなる形式や構造になるかは、この〈リズム‐ノイズ〉結合体の形式や構造が決定し、決して逆ではない。不等なものが自立するまで、〈そと〉は不定形なカオスのままにとどまるだろう。不等なものが自立して音の壁となるまで、〈なか〉でさえ安定した形を維持することはないだろう。ここでは〈なか〉であれ〈そと〉であれ、空間をあらかじめ明瞭にデザインし固定することが不可能なのであり、作曲者もまた演奏者となって、固有名詞的な音群が散乱する場に出て行く以外に音楽を作る術はないのだ。音空間そのものが、それを解体し組み替える動きのなかで過渡的に出現する持続の断面としてしか与えられない。あるいは、そもそも歪んだ潜勢体としてしか。両端がなだらかに不定のなかに消え、雲として〈間〉を占領している潜勢体としてである。

音と曲の同一性に代わって、〈間〉を疾走する手法の同一性だけが今や問題となりうるだろう。その名前が〈バンド〉である。軌道を共有すべく結び合わされた者たちの名としての、バンドだ。

結果としての逸脱　意図されなかった逸脱
あらかじめ意図された逸脱が成就されたとき
逸脱はあらかじめ予定された軌道に
もはやないであろう

――水谷孝(67)

人は〈間〉middle で迷わない
〈間〉にある者は
迷わない
彼は知っている
カルマは葬られたりしないと
でもカルマが知らないうちに
消滅すれば――
それがニルヴァーナ

——ジャック・ケルアック、
〈メキシコシティ・ブルース〉、コーラス　二[68]

涅槃の音はいつも決まってマイクとアンプの長いハウリング。それが聞こえれば、あとはもう、スイッチを切るだけだ。諸君、帰りたまえ。バンドという同一性にとっては、曲よりもアルバムやギグの全体が、一回のギグよりもツアーが、ツアーよりも歴史が音楽空間を決定する。成功―失敗、傑作―駄作は、以前に表出された音との関係でしか判定されない。おまけにこの「以前」を形成するのは彼らの音だけではないのだ。

(67) 前掲（本章注（1））『ミュージック・マガジン』、一一三頁。
(68) ジャック・ケルアック、『ジャック・ケルアック詩集』、池澤夏樹・高橋雄一郎訳、思潮社、一一二―一一三頁。

第四章　平等の音楽

1　音楽＝言葉、再び
～転倒から逆転へ

今いちど、ランシエールにより芸術の美学体制の一つの範型として読まれたプルーストにまで戻って、この体制における音楽について考えてみよう[1]。「書物へと〈帰還〉rapatrier させられた音楽[2]」、ランシエールによればこのように、世紀末の小説家における文学は要約される。すでにロマン主義がほぼ一世紀にわたって、音楽に〈故郷〉を与えようとしていた。俗謡として民衆の生活に日々出来するナイーブな歌、遠く紀元前のギリシャでうたわれた詩と分かちえぬ歌、神々の言葉であった歌、それらは要はしかし、「はじめに言葉ありき」のその「言葉」が音楽であったとみなす〈故郷〉定置のバリエーションだ。プルーストはひとまずこの伝統に則って、言葉から立ち上る精 essence のようなもの、言葉の霊 esprit として音楽を考えている。彼に特異であったのは、その帰還を復古

（1）本書第二章四節を参照。
（2）*La parole muette*, p.166.

すなわち、最初にあった音楽と言葉の一致への回帰ではなく、あくまでも文学の音楽化として果たそうとするところであった。言葉の精はすでに音楽としてここにある。ワーグナーやフォーレの音楽こそが、言葉の真理を、シュレーゲルが「詩の詩」と呼んだものを、我々に開示しているだろう。そしてそれらが真理であるなら、古代的な言葉遣いや古典主義的な規範に適った詩的散文では決定的に不十分であり（そんなものはまだ真理を十分に知らなかった時代の文学だ）、それらへと向かうものとして文学は構想されねばならないだろう。まさに「失われたときを求めて」書物はヴァントゥイユ嬢の七重奏にならねばならない。音楽をめぐっては、その結果は二重である。一方においては、ショーペンハウアーに引き続き、芸術として自立した音楽が言葉の真理の定在として神話化される。ミュージックが文学のミューズとして奉じられ、プルーストは新たに「エクリチュール」をこの女神に、シンフォニーを聴くように感覚されるべき文学の実体として差し出す。他方では、書物のなかへ場所を移されることにより、音楽は具体的な音楽であることをやめて一つのフィクションになる。〈パルジファル〉も〈バラード〉も、いまだ書物に帰還せざる音楽であって、故郷から切り離された精霊であり、書物のなかにはあくまでもどこにもない音楽、架空の音楽が埋め込まれねばならない。すでにボードレールにあってさえ、この音楽は「リズムも韻も欠いている」散文なのだった(3)。エクリチュールから聞き（「聴き」ではなく）取れる沈黙の音楽に、書物はならねばならない。つまり、音楽の神話化は現実の音楽を最大限にもち上げ、フィクション化は逆にすべての現存する音楽に否と言う。音楽は両極に引き裂かれるわけだ。けれどもすぐに分かるように、この無限大の距離はプルーストの書物により書物のなかで実現される虚構の距離であり、書物あるいはエクリチュールの物体性が、そのゼロなることをあらかじめ保証してもいる。新しい文学はこの距離をゼロにするような物体性として自己を主張しており、そこでの文学の音楽化は同時に音楽の無化であり、この無の証拠として文学は存在するようになるのだ。ランシエールのいう、フィクションとしての文学の成立である。

音楽は書物へと帰還させられる。音楽的神話と音楽のフィクション化の間、光の言語でできた不可能なフレーズと、透明な実体をもちどこにも見出せないエピソードの間の距離のなかに。文学は文学のフィクションとしてしか存在しないのだ。[4]

ゼロであるこの距離により、エクリチュールの観念そのものもまた二重化されているだろう。神秘的音符として文学の言葉を導き、そのような音楽を証立てる物体=文字の「孤児」にして、フィクショナルな音楽を聞かせる「象形文字」[5]。エクリチュールとは生むものと生みだされるものの差

（3）本書第二章注70を参照。
（4）*La parole muette*, p.166.
（5）*ibid.*

異かつ同一性の謂にほかならない。
かくしてプルーストにおいて〈言葉は音楽である〉。そしてそれはロマン主義的な意味における〈音楽は言葉である〉の特殊な転倒であった。芸術の美学体制とは二つの芸術を異なりかつ同じであるものにするような転倒を実質とした体制であり、音楽のほうでも同種の転倒が起こっていることは言うまでもない。ワーグナーにとって、純粋音楽は詩と再結合されてオペラにならねばならなかったのであり、シェーンベルクは「主観の自由な表現」のためにこそ音楽を調性から解放した。そして大衆音楽の領域にあっては、シンコペーションが「自由」という言語的理念を翻訳するとされる一方で、音楽における自由は実生活における他律の疎外された表現であるとも診断される(6)。いずれにしても音楽は言葉以上の言葉であるか、ザ・言葉あるいは最初かつ最後の言葉に奉仕する下僕であるか、そのいずれかであり、かついずれでもあるものとして、自らの芸術性を主張する。〈音楽＝言葉〉と〈音楽≠言葉〉の構成的緊張関係すなわち「同じ」が、芸術の美学体制にあっては音楽と言葉を目まぐるしく転倒させるのである。そこに含まれるエンジンとしての緊張に目をつむれば、この体制は〈弁証法〉的疎外が支配する世界のように映る。

ではこの体制のなかで、つぎの言明はどう位置づけられるか。

俺は字が書けない。だからライブを企画する。レコードを制作する。(7)

こう述べたパンクロッカーのアルバムには、実際、歌詞のない曲しか収められていない。「パンク」をロックにおける言葉（ただし肉声）の復権として捉えたボーカリストとの確執ゆえにバンドを去ったこのギタリストは、かつての盟友を挑発するかのように、言葉のないパンクをレコードにした。いたるところで類例に出会うはずのバンド内のいざこざ、フロントマンとサイドメンの不安定な力関係などはここでの問題ではない。注目したいのはただ一点、タムという素っ気ないいかにもパンクな名前をもったこのミュージシャンにとってもまた、「音楽＝言葉」であるというところだ。ギターとベースとドラムの音だけからなる曲であっても、歌詞と声を前面に押し出す遠藤ミチロウの音楽に拮抗しうる、あるいは等価である――タムの言明と音楽と活動全般はそう高らかに宣言する。彼にとっては「音」が言葉と等価な言葉の「代わり」なのであり、彼の「言葉」そのものにほかならない。だから、字が書ける、詩を書くことができる必要はないのであり、インストゥルメンタルだけでパンクたることができる。彼にとっての「音楽＝言葉」の「＝」は平等あるいは等価の

（6）本書第一章五節を参照。
（7）アルバム「G－ZET」の帯より。これはザ・スターリンを脱退してタムが作った同名のインストゥルメンタル・バンドの音源を集めたCD。元々はADK-Recordsというタム自身のレーベルから出ていた曲等を集め、インディペンデントに発売された。

記号であり、どちらかを上位に置いて他方の「意味」を決定させることの拒否こそを表示しており、タムはその等価性を逆説的に主張するためにパンクから言葉を消去しなければならなかった。やや皮肉であったのは、遠藤ミチロウの表現装置であった「ザ・スターリン」においても、さらにはパンク全般においても、肉声や言葉の復権として言われていたことの実質は同じであったという点だろう。(8) 人の肉声としての詩を音楽のデザインに従属させないという意志が、そもそものはじまりからパンクをパンクたらしめていたはずだ。パティ・スミスは自分の詩を朗読するところからバンドへといたり、ジョニー・ロットンの詩と唱法を欠いては最もパンク的なパンクともいえるセックス・ピストルズの音楽は成り立たず、町田町蔵は小説家になってもパンクである。遠藤ミチロウにかんしては、なによりも〈電動コケシ〉の二つのバージョンを比べてみるのがよい。典型的にパンクなとも言える落ち着きの悪いコードと疾走するリズムに乗せられた初期バージョンと、暗い昭和民衆歌謡を思わせるアコースティック・バージョンのどちらにも「合う」強度を、すなわち自立性と適応可能性の両方を、この詩はそなえている。

電動コケシが食べたのは
からっぽになったビルの空
ないものねだりの欲望に
頭から突っ込んだ

……(9)

そして言葉だけを追いかけるとき、〈Bird〉のこの詩があの曲に乗ったとは、誰が想像できるだろうか。

飛んでみろ　落ちてみろ　死んでみろ　泣いてみろ
暗い街　暗い海　暗い空　暗いくらい(10)

もちろん怒号が飛び交う（豚の頭、臓物さえ飛んだ）ザ・スターリンのギグにあっては、誰もミチロウの詩など聞いていなかった。ただ、「ジッター・バグ」どころではない痙攣的な動作に身を任せるだけだった。観客が「よく聴く＝聞く」ことをミチロウが必ずしも望んでいなかったことさ

（8）とりわけ、遠藤ミチロウのエッセイ「Ｒｏｃｋ　Ｓｏｎｇ」Ｐａｒｔ１、Ｐａｒｔ２と、彼と吉本隆明との対談「カルチャーの瓦礫のなかで」を参照。いずれも遠藤ミチロウのエッセイ集、『嫌ダッと言っても愛してやるさ！』（二〇〇三年に星雲社より「リミックス」版が再刊）に収録。

（9）詞は『遠藤ミチロウ全歌詞集――お母さん、いい加減あなたの顔は忘れてしまいました』（ソフトマジック刊）より。

（10）同。

え、〈サル〉を聴けばよく分かる。じっくり耳を傾けられては困る不敬な歌詞を、彼は文字通り「歌い逃げ」した。しかし「よく聞こえない詩」は、まさにその〈サル〉の例が示すように、何を言っているかに注意を喚起するため、詩を人の肉声として浮かび上がらせるためによく聞こえないようになっていたと言うべきであり、そこには音楽と言葉を同じものにする意志を読み取るべきだろう。タムが離脱して詩を捨てた音楽を作るようになり、ミチロウがやがてアコースティックな弾き語りへ踏み出すことになる母胎としてのザ・スターリンは、バンドの存続を危うくするほど音楽と言葉が平等なものとしてイコールだった稀有な例を提供している。

ではこの「音楽＝言葉」と、あの「音楽＝言葉」は、どう異なりどう同じであるのか。パンク的な等式にあっては、項のどちらも他方を拘束することはない。すなわち、意味を与えたりあり方を規制することがなく、どちらも同じ資格で一つの曲の構成に参加しようとする。そしてそのことにより、第三の項としての曲の全体性、〈一〉性の表現になろうとする。そこにあって曲は、表現される「不在の曲」を聴く者のなかに呼び出し（それが「表現する」ということだ）、そして消え去る媒体であることしか期待されていない。どちらも同じ資格で〈言葉〉である音楽と言葉は、聴く者により同じように〈言葉〉である何かに翻訳されて「＝」に実質を与えられる。それが「受ける」ということだ。曲は「受ける」ために作られ、差し出される。次の〈言葉〉を誘発するようにして。これに対し、芸術の美学体制における「音楽＝言葉」にあっては、「＝」は一方から他方への際限のない意味付与の競争と転倒を開始させるサインであって、その反転のなかから意味の意味、究極の意味としての無意味を立ち上らせる。具体的な言葉も音楽も、それぞれ言葉ではないもの、音楽ではないものになるよう、自己との差異だけを指示するよう、等号は導く。つまり第三の項が、ここではあらかじめ「無」たるべしと宣告されているに等しく、不在の曲ならぬ「不在そのものを曲化した曲」として音楽と言葉を統制しようとする。だから曲は「消費」されることができず、永遠の鑑賞＝観想の対象に止まらねばならない。送り出す者と受け取る者の中間に浮遊し続けようとする。これもまた「不在の曲」であるには違いないという点では、二つの等式の差異は微妙であると言うほかないが、同時に、両者の距離は、ありきたりであるがゆえにすべてのコミュニケーションの基礎、その連続の根拠として想定されるべき発話能力と、一切をありきたりとみなすニヒリズムの間の距離ほどに隔たっていると言うべきだ。つまり、パンク的な等式は否定を肯定に変えており、転倒 renversement としての美学的な等式そのものに一種の逆転 inversion をほどこしているのである。転倒にあっては言葉であるから耳をすまして理解しなければならなかった音楽が、逆転にあっては、言葉であるから応答すればよい音楽に変わっている。

転倒される「音楽＝言葉」は、その「理解」ということをめぐっても、転倒とそれによる同一化を経験する。それは理解を求めて「売れる」ように作られるか、無意味ゆえにまったく「売る」ことから無縁の態度を取るか（無意味とは使用価値の無でもあるだろう）、そのどちらかだ。売り上げを理解の指標とするか、無償の賛辞をそれにするか。商業的成功か芸術としての評価か。この転倒を繰り返すうち、やがて〈売れるから芸術的にも価値がある〉と〈芸術性の高いものは高く売れる〉（総売上が多いと言っても同じことだ）の見分けがつかなくなり、ポップアートでおなじみの第二の転倒等式「芸術＝商品」が音楽にも出現する。芸術の美学体制にあっては、ポップスターも芸術音楽家も同じように「金持ち」でなければならないのだ。転倒される反対物である商業主義と反商業主義（芸術主義）の差異は限りなく小さい。

では転倒図式そのものを逆転させた「音楽＝言葉」にあっては？　そもそもあまり売れそうにないマイナー音楽を作ることは、転倒と逆転の差異とは何の関係もない。その点は、反コミューン主義の系譜においてパンクの先達であったフランク・ザッパのことを考えてみればよく分かる。彼の曲にあっては音楽と言葉はまさに平等だった。「浣腸」や「聖水シャワー」や「Gスポット」といった下劣な言葉が頻出し、キャプテン・ビーフハートの作曲風景を「拷問は止まず」と皮肉るようなユーモアに彩られた詩と、ヴァレーズやストラヴィンスキーの音楽構成技法に精緻なギター・テクニックをもって臨み、五〇年代R&Bを盛んに引用しつつ「ファンク」を先取りした音楽は、そのどちらを欠いてもフランク・ザッパの音楽にはならない。おまけに両者は決してそれ自体として統合を自己主張しておらず、それゆえにザッパの「精神」を語る際には詩や彼の発言がもっぱら参照され、音の記述にまで「変態」という非音楽的観念が導入され、彼の「音楽」に注目して語ろうとすればほとんど現代音楽との近さばかりが強調されることにもなる。異種混交と言ってしまうにはあまりにも無造作で無政府主義的な数々の並置と、その「あまりにも」を実現するための極端に精密な計算と構成。かたちの異なるたくさんの積み木を積み上げるにはなによりも用心深さが必要だ。ザッパにあってはダダ的乱雑さと精密設計が平等なのであり、反対物の差異が消滅しないことが作品に固有のコンシスタンスすなわち「個性」を与えている。商業主義と反商業主義の差異も、である。彼は「金のためにやってるのさ」（アルバム・タイトルである）と公言して憚らなかったけれども、売れることを目指して曲を書くことはなく、音楽会社と対立して自分で通信販売さえはじめた。なにより、彼のアルバムはそこそこにしか売れなかった。そこそこは売れた、とも言える。だから彼は売り続けることができ、かつ売り続けなければならなかった。音楽と言葉が同じであるフランク・ザッパにとっては、音楽を作って売ることは言葉を語ることにすぎなかったであろう。売ると語ると演奏するは同義であったろう。商業主義と反商業主義は対立するよりも前にすでに肯定的に〈同じ〉だったのである。対立したあげくに見分けがつかなくなるはるか手前で、対立する必要がないほど平等だった。彼の作品の意味は平等からしか生まれず、平等としてしか生まれない。無調主義とドゥワップは等価に音楽であり、受動的肛門感覚と同じく受動的な音の快楽、そして既存の楽曲にかんする能動的な解釈は平等に「思考の表現」に参加し、ギターのフレーズやドラムの変拍子とも同じように〈要素〉である、とこの表現は語っている。だからそれが語ることを、すべてが「自由に」音楽要素になりうると言い換えても同じだろう。一二音を無差異に扱うセリー主義のように？　然り——すべての音楽要素は平等であるから。否——客観的なセリーは主観を「自由に」表現するために構成されるが、ここではその「自由」が表現されているから。「分子的な」音楽（テクノロジーにより最小単位に分解されて再構成される音楽）？　然り――なるほど音響主義も先取りされている。否――世界の（世界という）音が表現されるのでも世界というものが音で表現されるのでもなく、ただ俺は自由であると語るのだから。何も「内容」は語られていないけれども、無意味という意味（究極の！）が語られているのではなく、（自由という彼の音楽の）意味は無意味だ（それ以上考えてどうする？）、むしろ自由は公理にすぎないであろうと語られている。垂れ流しからは最も遠い構成主義的な手法で。それを行為遂行的なメッセージソングと呼んでもいいが（なるほど、彼は麻薬にも検閲にも声を大にして反対した）、そのメッセージはあらゆるメッセージの前提としての〈私は自由に自由を語っている〉であり、この自由を私的言語の放縦に任せないためには売ることを怠ってはならない。

父さんの仕事って何なの？　四人いる子どものひとりに、もしこう質問されたら、俺の答えはつねに同じだったろう。「俺の仕事はね、構成＝作曲 composition なんだよ」。そのために使用するのが、音符以外のものでもかまわないというだけのことだ。構成とはいろんな素材を積み重ねてゆく作業であり、その点は建築と非常によく似ている。作業の内容をしっかり把握できたら、誰だって「〈構成＝作曲〉者」になれる。メディアは何だってかまわない。（……）さまざまなメディアにまたがった自分の仕事の全体的コンセプトを表現するのに、俺は「プロジェクト／オブジェクト」という言葉を使ってきた。各プロジェクトはもとより、そこから派生するインタビューも総体としてのオブジェクトに包含されているし、そのオブジェクトを要約する「厳密な名称」なんてものは存在しない。（……）プロジェクト／オブジェクトの場合も、「プードル」や「ブロウジョブ」などの単語が随所に登場する。これは別に、俺がプードルまたはブロウジョブに執着しているからではない。この二つの単語に限らず、特に意味がないという点では同等なほかの表現も、視覚的イメージおよび旋律上のテーマと組み合わされ、各アルバムやいくつものインタビュー、映画、ビデオ、そしてこの本のなかに繰り返し登場してくる。理由はただ一つ、「堆積物」collection に統一性をもたせるためだ。(11)

音楽と言葉、芸術と非芸術、「売る」と「表現する」、意味と無意味、メッセージと非メッセージ等々、音楽をめぐる考えられるかぎりの対立がフランク・ザッパにあっては〈同じ〉を構成し、一つの音楽＝言葉として差し出される。それぞれの他方に自分が〈意味〉を与えようとするほとんど猿のマウンティング競争のような〈転倒〉を止めて。この停止が〈逆転〉である。

転倒と逆転の差異は実のところ、ランシエールが知的活動をはじめた最初から、つまりアルチュセールと袂を分かつ以前から問題にしていたことだ。『資本論を読む』に寄せた論文「『一八四四年

(11) フランク・ザッパ、ピーター・オチグロッソ、『フランク・ザッパ自伝』、茂木健訳、河出書房新社、一七六頁。

草稿』から『資本論』までの批判概念と経済学批判[12]」のハイライトは、『資本論』第一巻の名高い「物神性」論において、マルクスの概念術語Verkehrungが転倒renversementと逆転inversionの二重の意味をもっており、両者が明瞭に区別されていないと明らかにしていくところである。一方において、貨幣に対する物神崇拝という現象は、転倒のモデルにしたがい主体と客体の間のVerkehrungとして描かれている。天と地、観念的なものと物質的なもの、主体と客体の間のプラトン的でもあればヘーゲル的でもあるマルクス主義成立史においては周知の転倒の図式により、貨幣の力は人間から貨幣へ人間の本質が転倒されて移動することにより生じると説明される。人間と貨幣はあたかも二つの空席であるかのように、その一つである人間から発する実体的力に順に充填されるわけである。しかし他方では、マルクスは同じ現象を逆転としてのVerkehrungによっても説明している。これも周知の、生産関係の物象化――関係の顕現であると同時に隠蔽――としての貨幣という図式である。なぜそれが逆転なのかと言えば、ここでは表現されるものとその表現の関係が転倒図式とは（常識とでもある）「逆」だからだ。転倒図式にあってはあくまでも、表現される人間の本質がその転倒された表現である貨幣に先立っていたのだが、Verkehrungのもう一つの用法にあっては、貨幣が表現する関係はこの表現に先立っては存在しておらず、この表現を離れても存在しえない。関係が物象化する、そのこと自体が関係として描かれており、表現される関係は表現する貨幣のなかに、貨幣としてしかない。表現である貨幣と表現される生産関係では、実在性に関しては「表現スルモノ」があくまでも主位を握りつつ、規定性に関しては逆に「表現サレルモノ」である生産関係が、実在するという規定を含み権能を奪う。物象化とはそういう事態であり、「貨幣とは生産関係である」という結語はそういう逆転を語っている。

要するに「疎外」から「物象化」への進化の痕跡をランシエールはVerkehrungの二つの意味に読み取っているのだが、それを転倒から逆転へと同時に特徴づけることにより、物象化はより大きな逆転現象のなかに置き直される、あるいはその特殊な現れとして新たに位置づけられることになる。階級に対する階級闘争の先行という逆転だ。『資本論』は「階級」に到達して終わるが、その後ようやく「階級闘争」がはじまると考えたのでは、物象化論で明らかにされた逆転――マルクス主義の「科学性」がそこに賭けられている――が台無しにならないか？　表現が表現サレルモノ（関係）と表現スルモノ（項）の関係の逆転であるなら、階級闘争という表現もまた闘争（という関係）と闘争者の関係を逆転させねばならないのでは？　アルチュセールとの決別はランシエールにこの問いの一歩を踏み出させている。「物神崇拝について、それが生産関係の顕現‐隠蔽であると（私が『資本論を読む』において行ったように）述べるだけでは不十分である。物神崇拝が種別的なや

（12）Jacques Rancière, «Le concept de critique et la critique de l'économie politique des "Manuscrits de 1844" au "Capital"» in Louis Althusser éd., *Lire le Capital*, PUF, 1996. ランシエールの論文は一九六五年刊の『資本論を読む』ではアルチュセールの序文に続く第一論文だった。同論文については次の拙稿も参照されたい。Yoshihiko Ichida, «Les aventures de la *Verkehrung*» in *Multitudes*, N° 22, 2005.

り方で隠蔽するのは、生産関係の敵対的な性格なのだ。（……）物神崇拝の構造は自身の矛盾的本性を隠蔽している。その矛盾とは階級矛盾である」[13]。階級闘争が貨幣に物象化するのであって、貨幣をめぐって階級闘争が起きるのではなく、したがって貨幣（資本）を「もつ」／「もたない」が階級を分割-存在させるのではない。実際、資本主義を成立させた本源的蓄積過程は一つの階級闘争であったのでは？　その後『不和』にあってもこの順序関係は再度強調されることになる。「貧者が富者に対立するからというだけでは政治は存在しない。むしろ、政治が貧者を実体として存在させるのだと言わねばならない」[14]。「部分（＝当事者）は彼らが名指す抗争よりも先には存在しない」[15]。もっとも、アルチュセールとのかかわりという点では、この一歩はアルチュセールのほうが先に踏み出していたろう。「階級闘争と階級の存在は一つの同じことだ。〈社会〉に階級が存在するためには社会が階級に分割されていなければならないが、この分割は事後的に行われるのではなく、ある階級の別の階級に対する搾取のことであり、したがって階級闘争であり、それが階級分割を構成するのである。（……）ゆえに階級闘争を最初に置かねばならない」[16]。さらに言えば、同種の逆転はイタリア・マルクス主義のなかではもっと以前に果たされていた。労働運動は資本主義に受動的に規定されるのではなく、逆だというのである。「我々もまたこれまで資本主義の発展をまずはじめに考え、その後でしか労働者の闘いを考えてこなかった。これは間違いである。問題を転倒させて番号を入れ替え、はじめからやり直す必要がある。はじまりは労働者階級の闘いにほかならない」[17]（マリオ・トロンティ、「イングランドのレーニン」、一九六四年）。

いずれにしても、転倒は弁証法として論理化されるのに対し、逆転は転倒にほどこされる逆説として遂行される。だから転倒を前提にし、転倒とともにあるとさえ言っていいかもしれない。Verkehrungにかんする分岐としてのみある、と。「マルクスは二つのVerkehrungをつねに混同する傾向にあった。つまり資本主義的関係の疎外を実体としての主体の疎外をモデルに考え、逆転としてのVerkehrungを転倒としてのVerkehrungとして考える傾向である」[18]。だから逆転が必要かつ可能であり、転倒にはたらきかける逆説として実現される。「音楽＝言葉」における転倒としての「＝」にはたらきかける逆説としての「＝」。不平等なものを平等にするのでも、平等なものを不平等にするのでもなく、それが持続していなければ不平等さえ成り立たない根拠としての平等。階級に先立つ階級闘争のように「差異」の条件になる平等。この「＝」、この平等は、自己の本性を、転倒に憑かれた力関係に対するはたらきを通じて明らかにしなければならない。ランシエールがそれを

(13) *La Leçon d'Althusser*, p.236.
(14)『不和』、三四頁。
(15) 同書五六頁。
(16) Louis Althusser, *Réponse à John Lewis*, Maspero, 1973, pp.29-30.
(17) Mario Tronti, «Lénine en Angleterre» in *Ouvriers et Capital*, trad. française, Christian Bourgois, 1977, p.105.
(18) «Le concept de critique et la critique de l'économie politique des "Manuscrits de 1844" au "Capital"», *Lire le Capital*, p.184.

明瞭に自覚するのはジョゼフ・ジャコトという一九世紀初頭の奇妙な教師との出会いを通してである。『無知な先生』[19]はまさに逆転を主題とする書物だ。そしてそこでは、「音楽＝言葉」が実際に一つの大きな理解の鍵を提供している。

2 知らないことを教える ～「すべての人間は芸術家である」

ブルボン家の王位復帰にともないフランスを出国せざるをえなくなった「革命派」教師、ジョゼフ・ジャコトは、ベルギーのルーヴァンでフランス文学を教える大学講師の職をえた。しかしそこにはフラマン語（ベルギーのオランダ語方言）しか解さない学生たちがいて、ジャコトにはフランス語しか分からない。とりあえず彼は学生たちに、当時ベルギーで刊行されたばかりだったフェヌロンの『テレマックの冒険』対訳版（フランス語とオランダ語の二ヶ国語版）を、通訳を介して一つの指示とともに与えた。両方を比べて自分でフランス語を勉強してみなさい、そして何が書かれてあったかフランス語で私に言ってみなさい。彼にどこまで方法論的確信があったかは定かではないものの、結果は彼の期待をはるかに越えていた。学生たちは日を追うごとに、文法的に正しいフランス語で彼と会話することができるよう、それを書くことができるようになっていったのである。

彼はその間何も教えず、ただ学生たちと会話していただけだ。この経験に啓示を受け、ジャコトは哲学的で政治的でもあるスローガンを唱えはじめる。「知性の解放」。すべての人間が平等な知性をもっている！　この普遍的知性に依拠しさえすれば、人は自分の知らないことでも教えることができる。私はフラマン語を知らず、したがってフラマン語でフランス語の文法を説明することはできなかったが、フラマン語内フランス語文法を教えることができた。これは私と彼らが同じ知性を有している証拠ではないか。同じ知性が、私たちの間で徐々に会話を成立せしめていったという以外にないではないか。教えるためには説明は不要である！　しかしこれだけならジャコトの主張は面白い経験に裏打ちされた面白い教育学に止まったかもしれない。彼の言う「知性の解放」はあくまで、知らないことを教えることにより教える方と教えられる方の双方の知性が解放される――教えられる側は新しい言語を、教える側は対話可能な人間を新たに獲得して、一つである普遍的な地平に知性が上る――という逆転に、理論的かつ実践的な力点を置いている。知性は普遍的であるから知らないことでも教えることができるが、この普遍的知性は、知らないことを教えることによってはじめて「解放」される。生徒と教師双方の解放のためには、知らないことを教えなくてはいけないのだ。これは潜在能力の顕在化とは違う。すでに現実的である能力を前提に、それに依拠することに

（19） Jacques Rancière, *Le maître ignorant - Cinq leçon sur l'émancipation intellectuelle*, Fayard, 1987. 同書からの引用は本文中に頁数のみを記す。

よってこの教育は可能になるのだから。しかしこの教育を経て新しい共通言語を獲得しなければ、ジャコトと学生たちは理解しあうことがなく、知性は実際に普遍的になることはない。ジャコトが「普遍的教育」と呼ぶこの知性伝達操作は、物象化における「表現」と同じ逆説を示しているだろう。表現される関係が貨幣という表現を生み出すのだが、貨幣に表現されるまでは関係は「実在」しておらず、貨幣に表現されることが関係の実質であるのと同じように、普遍的知性が、知らないことを教える教育を可能にするが、この普遍的教育以前には、普遍的なものは「実在」していない。逆転は、教育とは「説明」であるという図式の逆転である。

> 理解できないという無能力を直すために説明は必要ない。この無能力のほうこそ逆に、世界を説明的に捉える考え方がもたらす構造的フィクションなのだ。説明する人間が無能力を必要としているのであって、その逆ではなく、彼が無能力なるものを作り出しているのである。誰かに何かを説明するとは、その誰かにまず、君はそれを自分で理解することができないと示すことである。教育者の行為である前に、説明は教育学の神話であり、知っている人間と無知な人間、成熟した者と未成熟な者、能力を有する者と無能な者、知性をもつ人間と馬鹿に世界を分けることの寓話である。（一五頁）

二つに分割された世界が逆転されて、一つの普遍的知性になる。それが転倒であったなら、上と下を入れ替えておしまいだったろう。実際、説明のモデルでは教師とはかつての生徒であり、教え方も教えて——説明して——もらっていたはずである。知っていることを教えていては無能力が不断に再生産され、いつまでたっても世界は二つのままだ。知らないことを教えてはじめて無能力が除去され、世界は教育本来の目的——知性の伝播——を一挙に達成することができる。「普遍的教育」はすでに実現されていた目標を達成するという逆説の実践にほかならない。逆転はまた、思考と言語の順序も逆にせずにはいないだろう。デカルト主義は「我思う」をすべての明晰さの先頭に置いていたはずであるのに、教育学に導入されてボワローの言語観、「明晰でないものはフランス語ではない」、と一緒になったとき、正しいフランス語を教えることがすなわち明晰な思考能力を植えつける教育だということになり、ジャコトもそのフランス的「普遍主義」のヨーロッパ的浸透のおかげで異国の地に教師の口を見つけることができた。しかしルーヴァンでの経験により「解放」された彼の知性が彼に教えたのは、諸言語の差異が「恣意的」であること、したがってそれぞれの言語も恣意的であること、そして言語以前に思考がある、ということだった。フランス語そのものは明晰でも何でもない、と、言語以前に明晰な解放された知性が発見させる。

人間は語るから考えるのではない。語るから考えるとみなしたのでは、思考を既存の物質的秩序に従属させることになってしまう。人間は存在するから考えるのである。(一〇五頁)

言語の恣意性にかんするジャコトの考え方は、同じ恣意性であっても、ソシュールのそれを逆転させたものと言うべきだ。この言語学者はあくまでも言語が明晰な知性を作ると考えているからである。

心理学的には、語による表現を捨象すると、我々の思考は不定形で不分明な集塊にすぎない。哲学者と言語学者はつねに一致して、記号の助けなしでは我々は二つの観念を明晰かつ安定したやり方で区別することができない、と承認してきた。そのものとして捉えられた思考は、どこにも区切りがない星雲のようである。言語以前には、予めさだまった観念はなく、何も区別されない。[20]

ジャコトの恣意性はまず、彼の経験にしたがい、通訳者がいない外国語どうしの関係をモデルに考えられている。その関係の平面――対訳本に物質化されている――には、言語しか存在していない。二つの言語の間には、「さだまった観念」はおろか思考の「星雲」さえない。しかし一つの言語に通じていれば、知性は知らない言語を解読させてくれ、人は恣意的で無関係な記号の配列をやがて自ら分節することができるようになるだろう。ジャコトは次に、子供による母語の習得も同じように行われると考える。子供は対訳本の片方の言語さえもたずに、彼らにとっては恣意的な記号の配列を解読することができるようになる。まさに推論による解読のみを通じてだ。親はフラマン語を解さないジャコトのようにしか、つまり書物を与え、語りかけ、語らせ、書かせることでしか子供に言語を教えることができないが、それでも言語を習得させることができるのは子供の側の知性の働きによる。これはつまり、言語習得以前に言語によるのと同等の明晰な思考がある証拠であるだろう。それがあるから、ジャコトも親たちも「説明」なしに教えることができる。そしてこの抽象的で普遍的な能力に比して、教えられる物質的な言語は恣意的なものでしかなく、むしろ恣意的であるからこそ、解放された知性はそれを独力で学ぶことができる。要するに、言語の恣意性はジャコトにあっては、ソシュールにおけるように知性に法のような条件として課されることがなく、逆に、それを越える――無関係なところに関係を設定する――能力として知性が定義され、そのような知性によって言語が記号として道具的に操作可能になる条件を提供している。言語の恣意性と知性の普遍性は、法を介さずに〈一致〉するのだ。あるいは法を除去するようにして。

神的存在によって与えられるコードは存在せず、言語の言語は存在しないから、人間の知性は技を駆使して自分を理解してもらい、また隣人の知性が彼に何を意味しているかを理解することができる。（一〇六頁）

（20）フェルディナン・ド・ソシュール、『一般言語学講義』、小林英夫訳、岩波書店、一五七頁。訳文は変更している。

真理は自らを語らない。真理は〈一〉であり言語は断片的である。真理は必然的であり、言語は恣意的である。（一〇二頁）

生得の能力？　たしかに、ソシュールが個の思考と集団的言語の関係について反デカルト的であった（数多の「構造主義」が主張するとおり）とすれば、ジャコトは同じ関係にかんしては紛れもなくデカルト主義者であり、「我思う」の普遍性を言語や記号に優先させ、全員に帰属させている。それでもしかし、それは個別的な「我思う」と普遍的知性を無媒介に一致させるという条件においてであって、この条件は「我思う」と「我在る」のデカルト的な関係も逆転させている。「思う」ゆえに「在る」のではなく、「人間は存在するから考える」のだ。正確には「我思う」と「我在る」は平等であると言うべきだろう。普遍的教育は言語と思考、思考と存在を逆転させ、あげく、それぞれを無知な先生とその生徒のように平等な、したがって別でもある能力にしてしまう。

二つの順序が交差している。一方には「理論的」と特徴づけうる順序があって、そこでは〈普遍的知性→母語→外国語〉と進むにしたがい真理性と必然性が減ると同時に、前のものが後のものの「習得」を基礎づけている。ところがジャコトの「実践的」な〈解放の順序〉は反対であり、彼は外国語の習得に、母語の理性的使用つまり母語を越える使用を見出し、母語の習得に言語一般を越える知性を発見した。かくして環が閉じられるのだとすれば、普遍的教育とは結局、処方としては幼児に倣え、何も教えなくてよいというだけのことであり、論証としては、証明しようとする命題に依拠して証明を展開する間違い、まやかし、詐欺にすぎないようにも見える。しかし現実には、ジャコトの学生たちは「説明」する先生なしにフランス語を学んだけれども、先生なしに学んだのではなく、ジャコトが来る以前にはフランス語を知らず、その後にそれを習得した。つまりジャコトは学生たちに何かを教えた。母語の習得にしても同じことだろう。大人の積極的介入なしにそれを果たすことは不可能である。現実には、普遍的知性を起点かつ終点とする円環は〈機能〉しておらず、それを阻む「説明」の論理すなわち、知る者と無知な者、能力ある者とない者に世界を分割する「教育学の神話」――支配と隷従を正当化する権力装置の一つだと言ってよいだろう――がまかり通っている。子供や学生たちの側にも、強者に隷従しよう、それによって保護されようという「意志」や、自分で注意深く考えることを嫌う「怠惰」が存在しているだろう。無知な先生の役目とは、こうした普遍的知性の作動を阻む要因に逆らい、それらの要因が働いているところで「学生たちが自分だけで抜け出すことができる円環のなかに彼らを閉じ込める」(二五頁)ことだ。つまり無知な先生は、学生たちが自分でそこから抜け出した後には円環が消滅して普遍的知性だけが残る、その円環を設置するような「指令」を与えるのであり、円環が事後的に「まやかし」になるよう「教える」。ジャコトの場合には、対訳本を読んで何が書いてあったかフランス語で述べよという「指令」と、学生たちとの会話という「教育」が、円環の設置と除去に相当した。

これは一見したところ精神分析の機制に似ている。主体に自分の欲望を知らしめるため、分析家はそれを「知っていると想定される主体 sujet supposé savoir」として振る舞いつつ、転移の解消により、欲望を主体に「返す」。しかし分析家になるためには、この振る舞いの作法と転移を誘導する技術を身につけなければならないのに対し、つまり、彼はあくまで身につけた技法を分析の場面で「使う」のに対し、無知な先生にはあらかじめ習得すべき「普遍的教育」のメソッドのようなものがなく、普遍的知性を学生がもっていることを前提に、知らないことを教え続けなければならない。精神分析が終わった後には、主体は分析がはじまる前からもっていた欲望を自覚するだけだが、普遍的教育の後では、普遍的知性が特に自覚される必要はない代わりに、新しい「言語」が学生には付け加わっている。普遍的知性の自覚は先生の側に必要なものであり、それを想定すること自体が方法を構成する。先生には何も身につける必要がない代わりに、彼は知らないことを教え続けるという振る舞いの形式により、普遍的知性の存在を前提にしていることを示し続けなければならないのである。これは技法の問題というより、意志と決断の問題——普遍的知性の作動を阻むものを取り除くという——であり、ゆえに誰でもすぐに実行できる方法と言うべきだろう。

　問題はしたがってこう立てるべきである。いかに教えるかではなく、外国語をジャコトのように教えた後には、何を同じように教えるべきか？　普遍的知性の働きを阻む要因は次から次に現れる。幼児がこの知性により親から母語を習得した後にも、説明する教師が登場して、自分で本を読むだけでは足りず、私の語ることを聞いて理解しなさい、と繰り返し語るだろう。だから対訳本を与え……さてその次には？　対訳本による「教育」は言ってみれば、説明の論理が内包している、書かれた言語に対する語られた言語の優位を逆転させる試みである。説明する教師が必要であるのは、書かれていることを読むだけでは「足りない」からであり、語ることのできる教師のほうが知的能力において、読めるだけの生徒を上回っているからである。ジャコトのやり方は、書かれた言葉を読むだけで十分であり、読めば語ることができるようになり、結局、言葉としては同じであると自覚させようとする。ではその後は？

逆転が積み重ねられねばならない。さもなくば、すぐさま普遍的知性を隷従へと導く論理と機制がこの知性の邪魔をしにやってくるだろう。そしてジャコトが次に挑む逆転こそ、「芸術」をめぐる逆転にほかならない。普遍的知性により、すべての言語が平等に恣意的な言語かつ誰にでも自分で習得できる技になった後、言い換えると、言語が一様に全員の道具となった後には、その「すぐれた」表現と「凡庸な」表現の位階秩序が逆転されねばならないのだ。いわば今度は全員を「芸術家」にしなければならない。『普遍的教育』という書物は実際、三部構成の著作として構想されており、第一部「母語」、第二部「外国語」に続く第三部は「音楽、デッサン、絵画」であり、普遍的教育により誰もが「ロッシーニ」[21]でありえ、ザ・芸術家の形象としての詩人「ラシーヌ」になることができると主張する（二一九頁）。まず、「音楽、デッサン、絵画」を言語と同じ「思考の言葉」に還元

（21）ジャコトの『普遍的教育』はその一部をオンラインで読むことができる。http://www.joseph-jacotot.com/

すること。それらすべてを思考が行う自己〈表現―翻訳〉とみなし、他の思考による解読――再翻訳にして別の表現――に向けて発せられていると考えること。

思考はその真理 vérité が語られるのではない。それは真実性 véracité に照らして表現されるのである。思考は他人に向けて分割され、物語られ、翻訳され、その他人はまたそれについて別の話をするだろう。それをまた翻訳するだろう。コミュニケートしたいという意志によってのみだ。他人が考えたことを推し量ろうとする意志によってのみである。どんな普遍的辞書にも、他人の考えをどう理解すべきか書かれていない。（……）「私は考え、私の考えを伝えたいと思う。すぐさま、私の知性が何種類かの記号を操る術を駆使するようになる。記号を結合し、構成し、解析し、かくして表現が、イメージが出来上がる。私にとっては、以降、思考のポートレートとなってくれる物的事象が出来上がる。この物的なものが、思考という非物的事象のポートレートになるのだ。（……）かくして思考が言葉になり、次にまた、この言葉や語が思考になる。思念が物質になり、この物質が思念になる。一切が意志の結果であり、思考は言葉の羽にのって一つの精神から他の精神へと飛んでいく。（……）」（二〇六―二〇七頁）

この翻訳と再翻訳の一般的プロセスは、すべての表現を思考の「記号」とみなす一般記号学のヴィジョンであるにはちがいないものの、記号のジャンル間のみならず記号を操作する主体間にも、一切の「辞書」を欠いており、この不在が「推し量るdeviner」の一般性を措定する仕組みになっている。超越的主観性や生成文法の不在を前提に、それを補う表現-推理能力として普遍的知性が想定されている。ジャコトは言ってみれば、互いに相手の言語を知らない「無知者」どうしのコミュニケーションという自分の経験的モデルをラジカルに全般化しているのである。このとき普遍的知性とは、まさに平等な「表現」になった言語と芸術を、表現者間で「翻訳」する能力であり、そこではあらゆる「言葉」は、書かれていようが話されていようが、描かれていようが演奏されていようが、それ自体として思考の翻訳であって、その「意味」は他人による再翻訳のなかにしかなく、つまり再翻訳としてしかなく、したがって、聞いた音、書かれた（描かれた）痕跡の「可能的諸原因」を「発明」することのなかにしかない。普遍的教育の世界は、〈表現＝翻訳〉と〈思考〉だけからなる世界だ。そこには両者を媒介する「意味」が存在していない。

翻訳という語は普遍的教育が依然として外国語学習というモデルに依拠しているように思わせるが、「音楽篇」は言ってみれば知性の一般プロセスをいわゆる言語や「意味」自体から解放する。音楽の習得は「意味」の解読とは関係なく知性を駆使させるのだから。ジャコト自身の経験から得られた音楽教育のアルファは、子供をピアノの前に座らせる、ただそれだけだ。対訳本を与えて読ませただけのように、子供をピアノの前に座らせる。フラマン語によって『テレマック』を読む快が学生に原語たるフランス語への興味を持続させるとしたら、そもそも楽しい音楽を子供に教えるには、苦さえ与えなければよいのでは？　苦を除去することならピアノを知らない人間にもできるであろう！　ピアノを弾きたい子供に、できるだけ長くピアノの前に座っていられるよう、体に余分の力が入っていないか、どこかに筋肉の緊張がないか、それだけを「教える」。正しい弾き方の説明と運指の矯正などは苦を与えるだけだ。楽に、上手く、速く弾く方法は子供が自分で発見するであろう。そしてジャコトと学生たちのフランス語会話に相当する音楽教育のオメガは、即興演奏である。すなわち好きなように弾き、それを自分の耳で聴き、さらに弾く。ジャコトが学生のフランス語を聞いて反応したプロセスを、子供自身の自己と自己の間で実現させる。それでバッハが弾けるようになるかどうかはジャコトの関心事ではなく（というより、バッハを弾きたい子供はそのようにピアノをはじめて、他人の力も借りながら自分で弾く方策を見つけるであろう、と彼は考えたはずだ）、彼は音楽が発生する現場に子供を連れて行こうとするのである。実際、ブルースの発明者たちに誰がギターの弾き方を教えたろうか？　ロバート・ジョンソンの運指がどうなっているのか解読するのに後代のギタリストたちは何年もかかったが、彼はジャコトの子供たちが用いた「メソッド」以外は知らなかったはずだ。他人の演奏を聴くことはいつの時代にもどういう環境の人間にもあったろう。しかし音楽の発明者たちには誰も、その発明された音楽を教えてくれなかった。

即興は我々の知性の第一の徳質の行使である。詩人としての質だ。感じている真理を語ることができない状況に我々があるとき、この不可能性が我々に詩人として語らせる。我々の精神の冒険を語って、それが他人の冒険に理解されるかどうか確かめ、我々の感情を伝達し、それが他の感じる存在に分かちもたれるかを見る。即興を実行することにより、人間は自分を知り、自分が理性的存在であるということを確認する。（……）我々の知性の徳質は知ることより、行うことだ。「知る savoir ということは何でもない。行う faire ことがすべてだ。」（一〇九―一一〇頁）

言語、音楽、絵画、詩はすべて「思考の言葉 parole（言語活動 langage）」である。けれども思考はその言語活動の物質的な媒体のそれぞれ――思考の「語」――に自らの非物質的真理――知ることができる「語」の意味――を運ばせるのではなく、それ自体が自身の即興的な「演奏＝解釈 interprétation」として他の思考による解釈を求め、合奏 concert として（ブルースを参照するなら「コール・アンド・レスポンス」として）「意味」を作り出す faire。もちろんそれはまた一つの演奏であり、また別の思考へと向けて放たれ……　このような意味において思考の言語活動は「音楽」である。記号の意味は他の記号に送り返され、云々、という解釈学的世界であると言ってもいいだろうが、記号間の関係が同時に主体間の関係でもあり、「意味」はある記号体系と別の記号体系の間で本来の住処を争奪されあう（言語の真理は音楽であり、音楽の真理は言語であり、というように）のではなく、ただ「相手の言いたいことが分かった」という〈同じ〉の別名に変わっている、と付け加えなくてはならない。「意味」は理解されるのではなく、「理解」（〈同じ〉の成立）そのものが「意味」なのであり、それが、転倒としての「音楽＝言葉」の逆転の効果だ。音楽への逆転により、言葉は「意味」の意味を変える。かつての「意味」とのアナロジーで言えば、新しい「意味 sens」は「君が理解したことと私が言ったことは同じである」、「私たちは同類である」ことの「感覚 sens」であり、それがかつての究極の意味としての無意味に取って代わっている。それにともない、学ぶべきことがらは、もはや個人的思考と共通言語を橋渡しする、つまり両方の「意味」をつなぐ第三の言語ではなく、「感情と表現の間の隔たり、情動の黙せる言語活動と恣意的言語の間の隔たりに働きかけた人々、魂の黙せる自己対話を聞かせようとした人々にどう対処するか」(二一六頁)である。それが即興演奏を学ぶ、即興演奏を通じて学ぶということであり、その具体的な中身は、音楽の学習を注視すればよく分かるように、「繰り返す(=練習する)、真似る、言い換える、分解する、再構成する」(二一六頁)、ただそれだけだ。その全体を「知る」と定義し直しでもしないかぎり(savoir-faire「やり方」のように)、「知る」が介入する余地はない。母国語も外国語も即興を通して音楽を学ぶように身に付けられ、音楽は感情を伝達する言葉として学ばれる。「ように」と「として」が前提する音楽と言葉の間の距離は決して埋められることがないだろう。普遍的知性というジャコトの最終審級は、音楽と言語をどちらに還元することもなく〈同じ〉にし、それぞれとの隔たりを保ったまま平等にし、両者の間の〈隔たりの無さ〉としてその能力を奮うのだ。

いかに学ぶか、いかに新しい表現を作り出すかについて、一九世紀に成立した芸術の美学体制はありふれたコミュニケーションの平面を越えたところからの「霊感」を援用するけれども、ここでの創作者はあくまで「あくせく働く人 besogneux」でしかない。

ラシーヌはエウリピデスやウェルギリウスを鸚鵡のように暗記して学んだ。ラシーヌは彼らを翻訳しようとしたのであり、その表現を分解し、別のやり方で再構成した。（……）「もしラシーヌがある母親の心情を私よりよく分かっていたとすれば、自分が読み取ったことを私に述べるなどということは彼にとって時間の浪費だったろう。私は自分の記憶のなかに彼が観察したことを再発見できないのだから。ゆえに私は感動できないであろうから。この偉大な詩人が想定しているのはまったく逆の事態である。自分が仕事をするのは、かくも苦痛を厭わないのは、推敲をして表現を変えるのは、ひたすら、読者がすべてを理解するだろう、自分と同じように理解するだろうと思っているからである。」（一一七頁）

偉大な詩人とは読者との〈同じ〉を目指して表現をあくせく練る人であり、その〈同じ〉の範囲が広ければ広いほど、つまり結果として凡庸であればあるほど、「偉大」である。ゆえに裏を返せば、「自分がラシーヌだと思うことは正しい」（一一九頁）のであり、「私も画家であると声高に言うことはいささかも傲慢な振る舞いではなく、傲慢さは他人についてひそひそ、君たちも僕らも画家なんかじゃないねと言うことにある」（一一三頁）。だからジャコトは言う。私のクラスの生徒はみんなロッシーニですよ。「単なる職業人であることに甘んじず、仕事の全体を表現手段にしようとし、感じるだけに甘んじず、それを分かちもってもらおうとする。この二重の歩みを実行するかぎりにおいて、我々の一人一人が芸術家なのだ。説明する人が不平等を必要とするように、芸術家は平等を必要とする」(一二〇頁)。

ポップアートの先駆あるいは、受ければよいとする究極の商業主義? 価値における不平等の基準として売り上げを参照するのでなければ、そうだろう。無目的な間主観的一致というカント美学? 主観の間で一致すべきなのがイデア的なものの知解と同程度に不知解もまたであれば、あるいは心情諸能力の不一致もまた一致であれば、さらには不一致に「崇高」などという特別な美を認めなければ、そうだろう。ラシーヌは私と同程度にある母親の心情を分かり、かつ分からないから、つまりその理解と不理解の程度が私と同調するから、私を感動させるのだ。芸術が理想的平等社会を先取りするという美学革命のイデオロギー? これは否である。普遍的教育が主張するのは、芸術家的平等はすでに芸術と言語の基礎として存在し、かつ遍く通用していて、それを承認せず、妨げようとする論理もまた同じように存在する、ということだから。いずれにしても、鍵となるのは転倒の逆転である。唯一無比の傑作とは、我々はみな感覚し、思考する存在として同じであるという唯一の意味の地平をほんの少し(傑出とはこの「ほんの少し」の謂である)広げた作品にすぎず、彼方の美神とは縁もゆかりもない職人仕事だ、と承認する逆転。「平等なものだけが平等なものを理解する。平等と知性は同義語なのだ」(一二三—一二四頁)。「理性は、正しくあるために設えられた言説が止むところではじまる。平等が認められたところではじまる。法や力によって命じられた平等ではなく、受動的に感じ取られる平等でもなく、現に働いている平等が、である」（一一三頁）。

3　政治的なアメリカ音楽
～即興の帰還

逆転は音楽について、どんなに形式化された音楽であれそれ自体で即興演奏であると認める論理である。いわゆる即興演奏と、作曲された交響曲やジャンル化された大衆音楽との差異は、タイムスパンの差異にすぎない。ピラミッドが一瞬にして崩れ落ちることと、数千年立っていることの両方を同じように出来事とみなす視点を、逆転は音楽に求める。すべての音楽は即興演奏である！書かれた曲の形式性の差異、曲と演奏の差異、それらはすべて音楽家の思考が音の「羽にのって一つの精神から他の精神に飛んでいく」即興性のあり方の差異にすぎず、子供がピアノを弾けるようになるプロセス、ブルースが集団的に形成されていくプロセス、シェーンベルクが調性を解体して無調に転じさせるプロセスも同様だ。そしてもちろん、この論理は音楽についてそれ自体では何も「教えない」（＝説明しない）。それが音楽について「教える」（＝語る）のは次のことだけだ。「どんなものでも音楽になりえる。それを音楽と呼ぼうとする誰かの『意志』が、音楽と感じてやってもいいと思う聴衆の『認識』と合致したなら」[22]（フランク・ザッパ）。どのような音楽がどのように生まれ、どのように自らの形式性を整えていったか、変容させていったかについては、何も。ましてどれがどれよりいかなる意味において「よい」かについても、アプリオリには何も。その代わりに、この論理は音楽が畢竟、二つのプロセスつまり、平等な創造―理解―伝播のプロセスと、音楽について「教える」ことを可能にする差別化と転倒のプロセスの出会い、衝突の定在であることを要求する。異質なプロセスの出会いと衝突が一つ一つの音楽を成り立たせている、とみなすよう求める。かくてランシエールにあって、ことは政治問題でもある。

> 政治的なものとは何か、と尋ねられたとしよう。最も短い私の答えは次のとおりである。政治的なものは二つの異質なプロセスの出会いである。最初のプロセスは統治のそれである。このプロセスは人間の集団を共同体とその合意に組織しようとし、位置と場所の位階的配分に依拠する。私はそれにポリスの名を与えるだろう。第二のプロセスは平等のそれである。このプロセスは、任意の人間に対する任意の人間の平等を前提しつつ、その平等を確かめようとして行われる諸実践の作用のなかにある。この作用を名指す最も適当な名前は解放である。[23]

音楽がここに述べられた意味において政治的であることを、「アメリカ音楽」ほどみごとに例証するものはない。

実際、それは説明する教師のいないところではじまった。音楽と言葉の平等は、疑いなくブルースにはじまるアメリカ音楽にとっては、強いられた偶然の条件だった。数々の歴史書が教えてくれるように、また黒人音楽を論じるにあたりリロイ・ジョーンズやギルロイが強調するように、[24]アフリカから連れて来られた黒人奴隷たちは、極力出身地がばらばらになるよう、つまり互いの間で言語的コミュニケーションが取れないよう買い集められ、農場主の命令を理解するためだけの英語が教えられた。言語の駆使はときには死に値する罪であり、だから黒人たちは共通言語として音楽、歌を発展させた。音楽はもう一つの言語というより、ただ一つの言語そのものとして、あるいは言語を代理するものとして〈文法〉をもつようになった。「繰り返す（＝練習する）、真似る、言い換える、分解する、再構成する」、これはまさに言語と同じものとしてブルースを練り上げる唯一の方法だった。普遍的知性が〈思考〉から、言葉である音楽を分化させていったのだ。しかしそれは同時に、言語そのものも分化させる力をもったろう。音楽と言葉が平等であるなら、あるいは平等なものとして音楽が言葉の代理を務めうるなら、一方の進化は他方のそれをともなわずにはいない

（22）前掲『自伝』、一七八頁。
（23）Jacques Rancière, *Aux bords du politique*, La Fabrique, 1998, p. 83.
（24）本書第三章二節、第一章五節を参照。

はずだ。そしてこの分裂が、ポリスの論理がそこに介入する糸口、条件となる。アメリカのナショナル・ヒストリーにおいてブルースの「生誕」が一九〇三年という日付をもたされているのはそのなによりの証左である。これは〈セントルイスブルース〉(にやがてなる歌)が採譜された年であり、すでに生まれていた音楽に、西洋音楽の〈文法〉との出会いがこのとき改めて誕生日を与え直した(そんなことをするから、この音楽はその後何度も死ぬはめになる——「リズム&ブルースは死んだ」(25)(ネルソン・ジョージ)、「ジャズは死んだ」(マイルス・デイヴィス)、「ロックは死んだ」(ジョン・ライドン)——それぞれが幾ばくかはブルースであったはずだから、ブルースは何度も死んだことになる)。ならば〈音楽＝言葉〉から分化した言語のほうにも、文字通りの文法が与え直されてしかるべきだろう。英語を土俵としたいわゆる近代的なものとの相克がかくしてはじまり、開かれた言語世界の地平は音楽を、音楽についての言説と相対させながら〈文化的〉闘争に巻き込んでいく。けれどもそれは、言説に代理された思考が音楽に与える「意味」をめぐる闘争であり、その意味において音楽を転倒の論理に服属させる効果をもつものだった。それが意味をなさない、あるいは「反動的な」意味をもつということはまったくないし、言葉を言葉として自立させていくため、黒人が自分の言葉を自分で駆使するようになるためには必要不可欠な道筋だったろう。しかし、だからこそそれは、ここでいう音楽自体の政治性とは関係がない。

アメリカ音楽は西洋的音楽文法との出会いの後も、言葉である音楽の特性を手放すことはなかった。無知者どうしの手探りの会話が表現を作り出していくことを止めなかった。それも、コミュニケーション的行為の合理性とは異なり、共通の「正しさ」や諸規範つまり音をめぐるコンセンサスを生み出すようにしてではなく、ポリスの論理が設定する舞台の上での「間違い」を「演出する」ようにしてである。実際、ロックンロールとジャズは「間違った」ブルースではなかったか？ これはブルースである／ない、という「抗争」がブルースを含む音楽種の全体を拡張してきたのでは？エリック・クラプトンやローリング・ストーンズが現にロバート・ジョンソンを「間違えた」ということが問題なのではない（彼らは自分たちのカバーについて率直に「バンド的になんとか解釈した」とか「道は遠いね」とか述べている）[26]。アメリカ音楽に特有の政治舞台は「クリシェ」からなる。クリシェを生産せよ、これがアメリカ音楽のブレイン・ポリス（頭脳警察！）中枢たるティンパンアレイからの指令だ。音楽を売るためには人々が何を聞きたがっているか社会学的に分析しなければならない。文化人類学的、市場調査的、等々と言っても同じことだ。万人に売れるなどということはおそらく誇大妄想だろうから、社会を諸集団に分割してターゲットをしぼり、「レーベル」を作り、存在している音群から傾向を取り出して音楽的クリシェに仕立て上げなければならない。プロデュースするとはそういうことだ。ある時期にはブルースの聖地中の聖地であったシカゴのチェ

---

(25) ネルソン・ジョージ、『リズム＆ブルースの死』、林田ひめじ訳、早川書房。
(26) ロバート・ジョンソンをめぐる映像ドキュメンタリー、『ロバート・ジョンソンへの旅』（DVD、Sony Music Direct）に収録されたインタビュー。

ス・レコードさえ、存在しているブルースをそのまま盤にしたのではない。マディ・ウォーターズが流行れば「マディのように」、チャック・ベリーが成功すれば「ロックンロールだ」、サイケデリックが流行れば御大マディにも「エレクトリック・マッド」を。五〇年台のドゥワップはすべて三種類のコード進行に封じ込められた。音楽の販売とは、音楽「会社」による音楽「社会」の模倣的再生産の結果たるクリシェを流通させることだった。ラジカルなデカルト主義者であるジャコトには、これは普遍的知性の働きとは似て非なるものである、と、もし彼が生きていれば言わしめただろう。

理性が働く瞬間は、集合体 corpuscule と、隣り合う原子どうしとでは同じではない。ある瞬間をとってみればつねに、理性、無反省、情熱、冷静、注意、覚醒、居眠り、休息、活動などがあらゆる意味で混在している。つまりある瞬間には、同業集団 corporation、国、人種、人類、などは同時に理性と非理性のなかにあり、その結果はそうした集団の意志とはまったく関係がなくなる。つまり、それぞれの人間は自由であるから人間の集まりは自由ではないのである。（ジャコトからの引用、強調原著者、一三二頁）

つまり、普遍的知性は個人にしか働かない。個人だけが自分に使える知性を自由に導いて自らの理性的な意志を実現しうる。社会がないというのではなく、それは現に存在するけれども、まさに言語がそうであるように「恣意的」なものでしかなく、社会集団に特有の知性というものは存在していない。フランス語とオランダ語の差異に根拠がなく、それぞれの言語内規則に根拠がなく、記号と参照対象の関係も普遍的な理性とは関係がないように、社会は恣意的であり、知性にとっては物質的偶然性の領域として現れる。占める社会的位置により社会の見え方が違っていても、である。言語こそ社会の基礎、範型、あるいは社会そのものであるのだから、それは当然の帰結であるだろう。社会契約をはじめとする様々な約束事や規範はジャコトにとり恣意性の裏面にすぎず、両者は平等と知性のように同義だ。理性と非理性が混在してランダムな状態を瞬間ごとに作り出すから、恣意的な分割、区分、等級づけの導入が図られる。

模倣は普遍的知性の基礎的な能力だ。鸚鵡返しに発話する、それが言語を習得する第一歩であり、集団によるクリシェの生産も、その可能性に関してはこの普遍的知性の能力に基礎を置いている。しかし普遍的知性の目標はあくまでも習得された言語を通じて自由に言いたいことを言うことにあり、主体はその「言いたいこと」を言語習得の度合いに応じて同時に複雑化、多様化させていく。彼はすでに自分が知っている「言いたいこと」を言うためにだけ言葉を覚えるのではなく、その点についてのみ、ジャコトはソシュールと見解を同じくしたろう。言語は「言いたいこと」の可能性を広げ、模倣はなによりも現在の自己とは異なる自己になるという拡張の欲望であり、両者が合体した「鸚鵡返し」には「言いたいこと」の総体としての自己を拡張する目的がビルトインされていて、そこには内在的な限界が存在していないのである。音楽言語にしても同様であり、リック（決め技的なギターフレーズ）を覚えるのは使えるようになるためであって、他人が言ったことを繰り返すためではない。他人が言ったことであってももっと上手く言いたい、という動機はあるだろうけれども。それでも社会的な隣人どうしが同じようなことを言いたくなるのは自然であり、競争と同調が綾なす音楽的会話のプロセスはまさに様々なレベルの「リック」的なものを生み出していくだろう。しかし、それをクリシェにするのは別の論理だ。自分で覚えるためにリックを反復するのではなく、他人に覚えさせるため、リックの共有により集団を実体化するため反復するとき、つまり一種の社会契約を音によって書こうとするときに、それはクリシェ＝合言葉になる。販路を確保するためであれ、「政治的」動機によるのであれ、クリシェの生産は集団の境界確定および集団への所属と分かちがたい。同じ模倣であっても同じリックであっても、普遍的知性はそれを表現のため、あるいは表現として用いるのに対し、クリシェはそれを代表の論理に従属させるのだ。そこでの「言いたいこと」は代表サレルモノにより限界づけられており、クリシェはそれを越えて「言ってはならない」言葉として人々の前に差し出される。それを越える言葉は「外国語」であり、あるいは意味のない雑音であり、いずれにしてもそれが確定する集団のメンバーには聞き取れない音＝言葉である。クリシェを共有しない人間は「語ることができない」存在、アリストテレス的な意味における「野蛮人」になる。

ミュージシャンになるとは音楽言語という外国語を解し、話し（演奏し）、書く（作曲する）ことができるようになるという事態であるのに、出来上がった音楽が新しく外国語と外国人を作るように使われる。一方において共同性が拡張されればされるほど、他方ではそれが細分化される。ジャコトの普遍的教育の思想あるいは「無知な先生」の教育実践は、この矛盾が必然などではなく恣意的であるということ、社会そのものの恣意性に由来する二つの別の論理の衝突であって、両者の無関係、関係の偶然性の印であるということを「教えよう」とするものだ。ミシシッピ・ブルースとテキサス・ブルースは、それぞれの地方の隣人どうしの言葉として違う。ダウンホーム・ブルースとアーバン・ブルースは、同じシカゴで歌われても、異なる心性を表現して響きが違う。普遍的知性をもったミュージシャンあるいは聞き手は、それらの差異を聞き取ることができ、つまり両方を翻訳することができる自分の「言語」をもっており、ミュージシャンはそれを更に表現-再翻訳することができる。クリシェはこの差異を分かりやすくしてくれる代わりに、単なる言語間の恣意的な差異に優劣を導入したり、クリシェ化されない音楽要素を非関与的な差異として聞き取れないものにしたりして、音楽ではない言語世界の秩序や争いが言葉としての音楽世界に介入する糸口を与えるのである。それは「これが分からない奴は阿呆だ（あるいは「部族」が違う）」という思想と一体であり、フランス語はフラマン語より知性的言語であるとするジャコトの敵たちの言語観と差異はない。「思想」を伴わずにはいないクリシェ化が、音楽＝言葉を音楽と言葉に分断するとさえ言ってもいい。そして普遍的知性は、この離別させられた存在を再び一つにしようとする。さらには諸音楽の連続性を回復させようと。クリシェはもちろん「飽き」を生み出し、ゆえに「新しい」音楽を求める動因になるけれども、普遍的知性にとってはそもそも新しい音楽は存在せず、音楽家の音楽、まだ解することができていない音楽しか存在しない。

しかし、アメリカ音楽が政治的であるという主張は、模倣としての音という一つの同じものをめぐる態度の差異――普遍主義的か文化主義的か――を問題にしているのではない。仕事の性質に由来する、ミュージシャンとプロデューサーの倫理的差異もまた、ここでは付随的なことがらに属す。アメリカ音楽が政治的である所以はひとえに、そうした差異が実際に音楽のタイプを規定してきたところにあると言うべきだ。ミュージシャンとプロデューサーは一人の人間が兼ねることも珍しくはなく、音楽をめぐる普遍主義（芸術音楽の立場と概ね重なる）と文化主義（歴史主義や民族主義になることもある）の対立はあくまでも音楽についての対立、つまり音楽外に土俵を移された対立にすぎず、音楽自体をアメリカ的にすることはない。アメリカ音楽は、その作曲法において政治的なのだ。表現と代表の論理を衝突させながら音楽を作ること、音の「決まり文句」をめぐる論理的差異を音にすること。この作曲法はむろんクリシェから離れることができず、むしろクリシェに近寄ろうとするけれども、クリシェがクリシェであると知っていることにより、すべての音楽を無差異に「それなりのクリシェ」と見なすことができる。長い民族的な歴史の欠如ゆえに様々なクリシェを作らなくてはならなかったアメリカ「文化」は、すべての現存する音楽から歴史的背景を奪ってクリシェに還元できるという利点をもっているのである。音の歴史性が「分からない」から、音を分かりやすい弁別特性に分解して聴くことができ、クリシェとして再統合する「自由」をもつ。ジャズを「時間のない流行」と特徴付けたアドルノは正しかったわけだ。それを音楽の「空間化」と言い直してもいい。アメリカ音楽にとり音楽の系統は存在しておらず、この無時間性、空間性が、クリシェを音楽を構成するためのモジュールにしてくれる。モジュールの操作というかたちでの普遍的知性の行使を可能にしてくれる。まさにフランク・ザッパの作曲法である。[27] 様々なクリシェ＝モジュールを繋ぐということ自体、クリシェを本来それが向けられるべき「大衆」――人種や年齢や社会階層や地域等々によって区切られた――から切り離す効果をもつだろう。

極めて興味深いのは、これがワーグナーの「モチーフ」による作曲とよく似ているという点である。[28] 最初は人物や風景に記述的に結びついていたモチーフが、変奏と独自の絡み合いを通してやがて楽曲中の唯一の「人物」、「風景」に変わっていく化学変化としての作曲。プルーストもそれにならって挿話や感情や心理状態を小説要素として自立させようとしたことは周知のとおりである。音楽の場合にはモチーフは、和声とメロディーという座標軸のどちらにも還元できない「音響ブロック」（ブーレーズ）として、最初は拍とテンポにより「条里化された」音楽空間のなかに書き込まれ、しだいにそんな尺度さえない「滑らかな」空間のなかを経巡って独立するようになる。あるいはそんなふうに空間を変えていく――調性が崩壊して半音階が立ち現れるまで――ことがモチーフによ

(27) 前掲『自伝』、「第八章　音楽のすべて」を参照。
(28) 以下のワーグナー－プルースト－ブーレーズを繋ぐ分析はドゥルーズの次の論文による。Gilles Deleuze, «Occuper sans compter: Boulez, Proust et le temps» in *Deux Régimes de fous*, Minuit, 2003. またブーレーズ、前掲『現代音楽を考える』、「II. 音楽技法――空間について」も参照のこと。

る作曲の核心をなす。人気テレビ番組のテーマソングから、流行歌から、映画の効果音から、そしてジャズ、ストラヴィンスキー、ヴァレーズから、まさに音響ブロック——メロディーの一節でも楽器の響きでもリズムでもある音の塊——をテクスチャー・モジュールとして取り出し、めまぐるしい拍子の変化に乗せるザッパの作曲は、これと基本的に異なるところがないように思える。実際、ブーレーズに対するザッパの尊敬はよく知られているし、彼はブーレーズのようにオーケストラ作品を作曲することもできた。しかし彼をアメリカ音楽の一つの代表にしている作曲法と「現代音楽」のそれとでは、一つの決定的に異なる点がある。ブーレーズがほとんどいわずもがなといった調子で前提にしているのは、ノイズという記述的素材（鐘の音、ガラスが割れる音、等々）を使うのであれ伝統的楽器構成のオーケストラ作品を書くのであれ、さらには電子的合成音を用いるのであれ、音響ブロックと空間の「高次な構造」を作曲者が予め知っていなければ作曲ではないということだ。[29] そこでの作曲者はあくまでも言語 langue を作るのであり、演奏者の言葉 parole はそのルールのもとで管理された偶然という資格を与えられる。〈文法〉を覚えてから語れ、だ。これに対し、基本的にバンドの演奏そのものであるアメリカ音楽は言ってみれば parole を langue に先立たせる。共通の言語が存在しないところから対話をはじめて理解の一致としての表現にいたろうとする。たとえバンドリーダーが作曲者として君臨していようと、彼がメンバーに求めるのは楽譜に書かれた音の再現ではなく、彼の頭のなかに鳴っている音のうまい翻訳であり（たいていの場合、彼自身にはできない翻訳——すべての楽器をメンバーそれぞれよりも「うまく」演奏できるのでなければ）、全体としての表現が成功するかどうかは、ザッパの言い方を借りれば「バンド内のアマチュア文化人類学[30]」にかかっている。どう「指令」すればどう音楽言語に翻訳してくれるかの、メンバーが変われば異なるコントロール術である。あれほど「作曲」をしたザッパですら、「最も重要なことは自分が何を作曲しているのか聞くことだ[31]」と述べている。頭のなかに鳴っている音を自分と他人による翻訳の交換を通して「知る」作業としての作曲。結果としての表現が langue のような「構造」を備えているかどうかは、事後的な、たいていはレコードを作る際の編集の問題にすぎない。そもそも言語活動 langage は、parole から langue を生み出し、同時にリアルタイムでそれを変化させるのではなかったか？ langue を欠いた parole は不思議な現象でもなんでもない。そもそも、個人名を冠されるような langue は他人に通用しないだろう。存在していなくても、知っていなくても言語活動 langage は妨げられないから、音楽的な langue〈とされる—明示的な—もの〉は、コード進行に典型的に見られるように、容易にクリシェに転じるのだ。理解させる努力はもう面倒だからこれでも聞いておけ、という怠惰により。普遍的知性の行使には langue も文法も必要ないから、

(29) ブーレーズ、『現代音楽を考える』、六二—六五頁。
(30) 前掲『自伝』、一八一頁。
(31) 一九八四年にフランスのある音楽雑誌によって行われたインタビュー。http://www.fredunzel.com/traductions/Interviews/Interview.html

langue 的なものは知性的ではない理由によってしか保存されない。文化的理由と言い換えてもよいが、知性は文化とは関係がないという留保をしたうえでのことだ。

してみると、アメリカ音楽は全体として一曲の「失われたときをもとめて」のようであると言うことができるかもしれない。次々に生み出されるクリシェが、その〈故郷〉とされる人物群や風景群から〈レコード〉(記録媒体にして記録行為)により切り離されて〈音響ブロック〉となり、〈ジャンル〉の条里空間のなかに書き込まれるが、自立した音楽的人物-風景は次第にメロディーとハーモニーの座標系を解体して、あらゆる音が平等な平滑空間を実現する。特性を欠いたワールド・ミュージック、それがアメリカ的〈無調〉音楽だ。「アメリカの血が一滴流れるということは、世界全体の血が流れるということである(……)私たちは国民というより、世界なのだ(……)世界全体を私たちの祖先と呼ぶことができなければ、私たちは母親あるいは父親なしであるということになるだろう。私たちはあらゆる時代の相続人であり、あらゆる国民と私たちの遺産を分け合うのである[32]」。この音楽はワーグナーやブーレーズのような一人の作曲者をもたない代わりに、それぞれの曲に世界としてのアメリカを〈帰還 rapatrier〉させようとする。「あらゆる国民」と「遺産を分け合う」しか、アメリカの音楽を作るすべはないのだ。このとき平等な十二音も音響一般も、世界と一致するまでに拡大したアメリカを表現するには普遍性が足りない。なぜなら、二〇世紀の人間にとりそれらの音は「ルーツ音楽」と同じようにレコード盤に定置されて送り届けられてくるどこかの音、つまり二重の意味で恣意的な音だからである。組織された音響はミシシッピやテキサスからの音と同時かつ同じように、物質化された外国語としてミュージシャンの前に現れ、解読と翻訳の欲望を掻き立てる。世界としてのアメリカを表現するに相応しい普遍的なものは、すべての音楽のまだ向こうにあるのでなければ、エスペラント音楽を構築して終わるしかないだろう。全面的セリー主義のような？　それとも、通じなくても一向にかまわない個人言語のような？　音楽に帰還させるべき普遍的な〈故郷〉は、個人にしか働かせることのできない知性そのもの以外にはない。つまり、『失われたときをもとめて』が「書物へと帰還させられた音楽」であるとすれば、アメリカ音楽は「楽曲へと帰還させられた即興」なのだ。オーネット・コールマンの『フリー・ジャズ』から隅々までスタジオで「作曲」されたメガヒット曲まで、ツアーごとに編曲が変えられるザッパ、演奏ごとにアドリブの出来不出来が問題になる様々なバンド等々を経由して、アメリカ音楽は〈奏でる–聴く〉の現場における〈理解の発生〉に立ち戻ろうとする。それは「理解されたい」音楽であり、労働や祝祭の現場で共有される音楽でも、〈私〉の作品として誰かに発見されるのを待つ芸術でもない。〈発生〉そのものを音楽にしようとしたミニマル・ミュージックがアメリカにおいて出現したことは偶然ではないのだ。

（32）マイケル・ハート＋アントニオ・ネグリ、『帝国』（水嶋一憲他訳、以文社）第四部二章の冒頭にエピグラフとして引用されたハーマン・メルヴィルの言葉。同書四六二頁。

帰還させせられた即興が、帰還させせられた音楽と同じように神話化とフィクション化にさらされることは言うまでもない。「ルーツ音楽」というアメリカ音楽においてのみ有効なカテゴリーはまさに、存在した音楽を存在する音楽以上にもち上げる神話化を示し、演奏形態としての即興あるいは「ライブ」への信仰は、現に記録されている音楽に不断に否を突きつけ、「新しい」音楽への飢えを生産する。アメリカ音楽に特有のリズムは、過去へと遡行して現在に戻ってくる周期性と未来を先取りしなければ現在に到達できない周期性の共存から生れるのである。言い換えるなら、アメリカ音楽は巨大なロックンロールにほかならない。表拍と裏拍が二つの周期に「追いかけっこ」をさせ、拍の偶数分割と奇数分割がその速度を緩めたり上げたりするロックンロールないしある種の定型化されたブルースは、要するに以前と以後をたえず入れ替えて特有の「グルーヴ」を作っているのであり、過去を未来に、未来を過去に包み込む「帰還させせられた即興」の音楽的形象そのものだ。時間の小分割は大分割に包摂されるしかないが、拍の移動、偶数拍と奇数拍の並存、継起は、直線的な進行に揺さぶりをかける「ロック」に続けて、どのループがどのループを包み込むか見分けのつかない「ロール」を招来し、その不分明がまた「ロック」へとつながり、最終的に、過去と未来を両者の隔たりを保ったまま現在として一致させる。それがグルーヴだ。グルーヴは即興の神話化とフィクション化の効果であり、かつそれらをたえず再生産するだろう。プルースト的文学が文学のフィクションとして存在するように、アメリカ音楽は即興のフィクションとして成立する。あるいは、そのようなものとしての〈ロックンロール〉として。

グルーヴであるから、破綻の訪れもまた必然であるだろう。演奏の終了や失敗ならば、文字通りのイデオロギー――「ファンクは永遠である」――や訓練により、聴覚-空想的なグルーヴを維持することはでき、ブルースのグルーヴとファンクのグルーヴは同じである／違う、等々と考え続けることも可能である。しかし、故意に導入された破綻、即興中の必然として演出された破綻についてはどうか。爆音に圧迫され続けながらも陶然とグルーヴに身を任せていることのできたモンタレーの観客たちも、炎を上げるギターがハウリングの只中でばらばらになっていく段になるや、凍りついた。そこにいたる以前も、ジミ・ヘンドリクス・ジ・エクスペリエンスのグルーヴは、踊るためにはあまりにも細密で、音のシーツあるいは壁として「迫り来る」ものとしてあったのに、演奏の終焉はその圧迫からの解放、カタルシスであるどころか、身体運動の不能をもたらした。またルーベン・アンド・ザ・ジェッツという五〇年代風の粋な偽名をわざわざ冠することで、ゆったりとして軽快なドゥワップを聞かせたいのかと思いきや、繰り返しが多すぎる、期待通りに進行してくれない、おかしな音が入る、と次第に判明してくるにつれて、R&Bファンは冷や汗を流しはじめる。ザッパは黒人音楽を馬鹿にしているのか？　優しく揺り動かされる快は停止する。さらに、どこにも違反はない典型的なスロー・ブルースであるのに、中低音をすべてカットした上で強調されるディストーションと、半音どころか全音下げチューニングの響きのなかで広い音域を目まぐるしく移動するフレーズの奔流を耳にしているうちに、人はブルースに「浸る」ことを止めてひたすら音の進行に意識を集中するようになる。ほぼギター一本で作り出されるグルーヴは、緊張を強いるものでこそあれ、とうていそれに身を任せることはできない。B・B・キングとマディ・ウォーターズの支持がなければ、言い続けられたかもしれない。やっぱり白人にブルースは無理だね、ジョニー・ウィンターは斜視でアルビノのロッカーだ。こうしたグルーヴの停止の瞬間には、いったい何が起きているのか。音楽＝言語的〈会話〉の停止ではありえない。なにより、それは作り出されているのだから。

　グルーヴは端的に別の時間であるだろう。昼間の労働、夜の睡眠、子供から大人への成長、出会いと別れ、職や住居の移動等々、生を分節し、そのなかで教育が行われる時間の全体から、「ロック」が身体を切り離して「ロール」がその切断を持続させる。グルーヴにより人は「転がる石」になる。それは仕事の合間の気晴らしや趣味、思春期の感受性に特有の嗜好といった〈間〉の時間を構成するのではなく、あくまでも、言葉の原基的なやり取りと創案が行われる〈別〉の時間であり、生活の時間と音楽の時間は並行して走る。生活と言語活動のように、あるいは生活と言語活動として。両者は区分される現在と連続的現在、分節と無差異の関係にあり、したがってお互いを前提としてのみ存在する。別の時間の停止としてのグルーヴの破綻は、それゆえ両方の時間を同時に停止させる〈時間の無〉なのだ。連続と切断が互いにもたれ合う弁証法のなかには場所をもたない無であり、隔たりの空間性をもつことのない時間である。それはランシエールの語法によれば、まさにsans part な（＝分け前をもたない）時間だ。生の時間はどこにも隙間がないよう区切られ、等級づけられた充溢せる時間であり、プラトンはそのことをもって民衆に、君たちには共同体全体の管理運営、政治にかかずりあっている時間はないはずだと諭した。あるいは哲人以外の誰にも政治には口をはさませないよう、隙のない時間として生を定義した。充溢の過剰により生の時間から放り出されるのが全員による全員の統治としての政治の可能性であり、この放出は区分と等級づけの無そのものを一つの審級にして外部化したに等しく、つまるところ、普遍的知性の行使を禁じたのである。アリストテレスは生の時間の区分とは別に代表制をもち込むことにより、共同体の全体的生を分業体系と代表関係に二重化し、普遍的知性の行使に共同体内の審級を割り当てた。知性はこのとき言ってみれば、区分と共存する区分の否定になったのであり、アメリカン・ウェイとは結局のところ、そうした知性の割り振りにさらに音楽を重ね合わせるやり方、ほかでもない音楽が区分と共存する区分の否定としての知性だとするやり方だ。さらに、区分を肯定するイデオロギー装置としてハリウッドを作る？ そうであるから、アメリカ的政治はロナルド・レーガン対フランク・ザッパの大統領選に集約される？ いずれにしても音楽が共同の言語であり、知性の行使であるという事態は、グルーヴが持続している間は事実上のことがらであって、実行されてはいても自覚はされない。人はそれに身をゆだねて別の時間を生きていればよい。しかしそれが停止する瞬間、それをどう「理解」すればよいのかと人が自分の身体をもって問う瞬間、つまり知性が対象を奪われ宙空を漂う瞬間には、区分と連続の区別そのものがなくなっている。それはまさにすべての停止であり、そのことによって「すべて」なるものを問題化し、舞台の上にのせ、普遍的知性に区分と連続の境界を越えて横溢するチャンスを与えるのである。このとき、生の時間ではなく普遍的知性のほうが、過剰に充溢して「すべて」を代表している。かくて転がる石はグルーヴの綻びから、生に侵入する。ささいなことだ。人はどもることで言葉を学ぶ。カリプソ、カリプソ、カリプソは、…… ジャコトの生徒たちは、『テレマック』の一節を母音と子音の分節に苦労しながら繰り返し、フランス語を習得していった。同時に、カリプソ島がどんなところか、その気候はどうであって、どんな人々が住んでいるのか、学んでいった。言語が違えば音は違うが理解もできるということ、つまり言語的差異と知性の関係も同時に。

すべての人間的仕事がカリプソという語のなかにはある。この語は人間の知性の産物であるのだから。様々な部分を足し合わせて総計を計算する人は、カリプソという語を作った人と同じ知性的存在なのである。（……）すべての科学、すべての芸術、解剖学、力学、等々は、カリプソの一語を作ったまさにその知性の産物なのだ。（ジャコトからの引用、四七頁）

カ、カ、カリ、カリプソ、カリプソは。「すべて」であるカリプソの導入はグルーヴの破綻からはじまる。〈すべてはすべてのなかにある〉という同語反復が、この破綻の瞬間に、知性の能産性を示すものとして立ち現れる。破綻は、自力でのみ脱出可能な円環から知性が脱出した証なのだ。し、し、しか、しかし、グルーヴは「どもる」ことで作り出される、それもまたアメリカ音楽が教えていたことではなかったろうか。ジョン・リー・フッカー、ルー・リード…… 三連音符は四拍子の「どもり」であり、ギターソロにおける「ため」と「アタック」はメロディーをリズム化してグルーヴを生む。マディ・ウォーターズのギターはいつも少し遅れていたが、そうでなければ、〈バンドのサウンドになったデルタの音〉は存在しなかった。

あとがき　――　不乱苦雑派讃江

ふう、そろそろおしまいだ。だから、まずいくつか言い訳しとく。

ルソーからの引用はちゃんと原典にあたって、定番の邦訳全集から引くつもりだった。なにしろこの本もその『ルソー全集』の版元から出るんだしな。しかし、デリダの『グラマトロジー』もあっぱれな引用の仕方してくれてる。「同所」とか書いてあっても、どこと「同じ」なのか判然としなかったり、何も書いてなくて、流れで分かれよってな調子。これを探してたらたまらんぜ。『グラマトロジー』の訳者の足立和浩さんも、デリダの参照間違いを色々訂正してくれてるけど、ぜんぶはできなかったんだろう。まあ『言語起源論』を現代に蘇らせたのがデリダであることは誰でも知ってるし、デリダと関係ないふりして引用しても足元は隠せない。だから本書のルソーに関連する箇所は、ジャック・デリダの一使用法ぐらいのつもりで読んでください。そして、そう読まれることは実は筆者の本意でもある。あの議論をデリダ派風にではなく使えないものか、とずっと思っていた。

言い訳その二。ランシエールの名前に目を留めて本書を開いた人は、読み進めるにつれて、これ誰?というような固有名詞にたくさん遭遇するかもしれない（そうでないことを願うけれど）。「フランス現代思想」の人はあまり七〇年代ロックなんか聴かないようだし（フランス語ラップは聴いてもな）、まして古いブルースとは縁がなさそうだ。だから色々と注を入れるべきだったかもしれない。けれども「ブーレーズ」が注無しで「ジョン・リー・フッカー」が注有りだというのは、この本の内容からして（笑うなよ）科学的・学問的精神に反する。だから知らないミュージシャンについては想像して欲しい。足りなかったら、聴いてくれ。読者がそうしたくなることをなにより願って俺は書いていた。

その三。ランシエールは基本的に文学の人だ。彼が日本に来たとき、不肖の弟子（昔、彼のところからトンズラした俺のことだ）は「政治」概念について色々話をふったのだが、それに対して彼は、あんまりややこしいこと言うなといった顔つきで、「僕はほんとは政治はきらいなんだ、文学の人間なんだ」と逃げを売った。それも一つのきっかけぐらいにはなって、俺は自分なりに彼の「政治」をとことん問題にするテキストを書いたことがある。「マルチチュード派」ぽくな。そしたら彼の優秀な弟子の一人から、これまたとことんお怒りを頂戴した。お前はアルチュセールと決別しネグリと違う路線を歩もうとするランシエールの「決断」を何と心得る！　ひょっとするとそのいざこざを耳にしたせいかもしれないが、師匠からメールが来て、なかなか楽しませてもらった、気に入った、とお褒めの言葉を頂戴した。それで図に乗り、俺は師匠を「音楽の人」にすることにしたってわけだ。彼は今、美学全般にかんする大著を準備しているはず。そこでどう音楽が扱われるか、楽しみにしている。もちろん師匠は日本語なんか読まないから、俺がこの本で何を書いたか知るよしもないが、ここに書いたことの一部はすでにフランス語にしているから、ちょっとだけ期待してる。淡い先取りぐらいにはならんかな、と。外れたら、笑ってくれ。

本書のなかでも書いたことだが、もう一回繰り返しておくと（「はじめに」のつぎにここを読む人多いだろうし）、これは大衆音楽擁護論なんかじゃない。ほとんどの大衆音楽は俺には聴くに耐えないものでしかない。アドルノを散々虚仮にしたが、好みの点では彼に近いところもある。ストラヴィンスキーよりはシェーンベルクだし。前者は、ちょうどプログレが流行ってたころに聴いて、しかもプログレがませた中学生の音楽のように思えたころだった（俺はモンクとセシル・テイラーを聞いていて、レコードを買ったばかりだったアイラーが死んだことに、同じ日の三島事件よりショック受ける中学生だった）ので、どうも同じように聴こえてしまった。その後のクリムゾンによる「春の祭典」の実質的カバーはかっこいいというより、まず気恥ずかしく感じた。ま、そんなことはどうでもよくて、特定の音楽を擁護したり、何かを啓蒙したりすることから最大限遠くありたいというのが俺の願いです。なによりも、シリアス・ミュージックの再生を願っていますから。今、シリアスに音楽を生産してる人って、どれくらいいるのか。俺が音楽に期待するのは、哲学に期待するのと同じもの。ガツンといっぱつぶちかまして〈感覚〉を今より少しだけ広げてくれること。だから、「好み」の話にはしたくないわけだ。何が好きかとか、音楽を「楽しむ」とかは、俺の実感では作品への軽い冒瀆だ。それに、現在味わえる感覚の話をしてもあまり刺激的じゃあない。昔の音楽を聴く意味も、何が昔ちゃんと聴けてなかったかを発見して、現在の感覚を広げるところにある。

これはあくまでも学術書です。ほとんどの人文科学系学術書がなくてもいいようなものにしか思えない現実への抗議の意思が、ベースにある。分厚い専門書を書けってか？　日本をフィールドにしていたら、そうしたかもしれない。けれど俺は外国の思想が専門で（なぜそうなったかは他人には関係ない俺のプライバシーだ）、そこでの専門書ってのはだいたい横のものを縦にすればおしまいのようなものが求められる。偉そうなコメントをつけてな。分厚くても、数十冊分の洋書（数冊かも）をダウンサイズしてるから厚くなってるだけ。だからいっそ、外国語で書いて最低限必要になることだけしか書かないというポリシーで数年間やってきたが、そもそも外国語で書くのはそうとうにきついから、長くなんか書けない。そのポリシーを保ったまま、日本語で本を書くとどうなるのか。自分へのそのとりあえずの答えが本書です。いかにしてアカデミズムの現状の枠に収まらない書物を、アカデミズムのなかで書くか。外で書いてはだめだ。ジャーナリズム風とか評論風に。「なか」の現状をそのままにしておくだけだから。アカデミックに「フランス現代思想」の一断面を知りたいと思う人が、参照せずにはいられないけど（実際、なかなか便利な本だと思うぞ）、参照したとは公言しにくく、またそんな人には読みやすくもない本が書ければいいな、と思った（性格悪いんだ）。結果はねえ……みなさんと話ができて愉しかったです。

書きたくて書けなったことが一つだけある。まさに日本(語)のことだ。日本人で尊敬するミュージシャンの一人、遠藤ミチロウの『ベトナム伝説』は実は全曲カバーである。ミチロウさんも覚えていないかもしれないけれど、「渚の天婦羅ロック」さえ最初は（つまりライブでやってるだけのころは）「ジョニー・B・グッド」だった。俺はこのアルバムの「お母さん、いい加減あなたの顔は忘れてしまいました」がとにかく好きで（あ、好みの話をしてしまった!）、それがボブ・ディランの「イッツ・オーライ・ママ」のカバーだと気づいて益々好きになった。ディランが好きだからというわけじゃあない。あれがこうなるのか!というところに（福島弁だぜ。マルクスのあれもなまってるバージョンがいちばんよかった）、ものすごい知性を感じたのさ。これはイギー・ポップを編曲するセンス、しかも英語から日本語に（ほぼ）直訳した曲名（「おまえの犬になる」）を被せたうえであの編曲（サビのところだけだぞ、似てるのは）にしたセンスにも通じる。そして、そもそもイギーがあの歌を、ハウリン・ウルフの「もうおまえの犬になんかなんねえぞ」を歪めて作るさいに働かせたはずの知性にも。ハウリン・ウルフよりも先に歌った人がいるかもしれないけど、俺の知ってるのはウルフのバージョンだし、ブルースのすばらしさの一つはクレジットが大して意味ないところにある。とにかくベト伝は、ああ、ようやく日本語のロックが定着したんだなあ、と実感させてくれた。「豚に真珠」の「パクリ」ぶり（元はラモーンズ）も感心したけれど、ここでは次元が一つ繰り上がってる気がする。イギーと同じことをして、イギーとウルフの違いぐらいにイギーから遠ざかってる！　村八分のチャー坊（はじめて行ったロックコンサートが村八分）が苦労して取り組んでた問題への一つの答えがようやく出たような。ディランはそれほど好まないけれど、彼の「ハイウェイ61再訪」も、同じような意味においてみごととしか言いようがない。悪魔に魂を売ってギター・テクを授けてもらったというロバート・ジョンソン神話を、旧約聖書のヤーヴェとアブラハムの話に置き換えてる！　黒人をユダヤ人に置き換えるって、君、ＰＣ人種がいかにも目を剝きそうでいいじゃないか。ザッパはそれをさらにテキサスのアホなバイク野郎が悪魔から「おっぱいとビール」を返してもらう話に変えてたな。ベト伝はそんな精神の系譜にがっちり連なった。そしてミチロウさん、あんたも行ったというザッパのコンサート、俺もあそこにいたんだよ。とにかく、時間も距離も越えた知性の伝播のようなものを俺は遠藤ミチロウに見たわけよ。しかし、こういう話をそのままにしても、なかなか普遍的な話としては伝わりにくい。俺が言いたいのはパロディとかカバーといった類のことではまったくないのに、どうしてもそうなってしまいそうな気がして（自分の知力・筆力に鑑みてな）、俺にできる「そもそも話」からはじめることにした。すると、戻って来れなくなっちまったんだ！　それはたぶん、俺が「外国思想の人」だからであって、つまり、ミチロウさんが「歌の人」であるのと同じだ。日本（語）の話を論文として書かなくても、母語をおろそかにしてることにはならんだろ。文章の推敲という点にかけちゃあ、そうとうやってるつもりではある。結果はともかくな。とにかく、一つのきっかけを与えてくれた遠藤ミチロウに感謝します。しかし、知らんやつに勝手に感謝されても困るか。

日本の話をしなかった理由はもう一つある。これを書きはじめて気が付いたのだが、世間にはどうやら一種の戦後日本文化回顧ブームのようなものがあるらしい。マイク・モラスキーの本（『戦後日本のジャズ文化』）は確かにいい本だと思うけど、平岡正明まで『昭和ジャズ喫茶伝説』なんて本を出したり、間章が映画になったりしたのには正直驚いた。ほかにも六八年がどうしたとか、八〇年代はダメな時代だったのか（つい最近のことじゃないか）、とか。なんか乗りたくない流れなんだな。ほとんど東京の知らん話ばっかりで、事情に通じていなければ入っていけない内輪話ってのがとことん嫌いなんだ。俺も入れてくれ、みたいにはなりたくなかった。知るかよ、新宿のローカルな話なんか（俺がはじめて東京の街をまともに歩いたのは狭山か三里塚のデモのときだった）。文化の名により過去の内輪話を学問や批評の対象にするくらいなら、俺は外国かぶれでいたいし、そういうことは過去とまったく縁が切れた世代の人か外国人がやるべきことだ。

リアルに感謝の意を表すべき人は何人もいるが、それはやめとく。読者に俺の仲間みたいに思われると困るかもしれないし、「あとがき」によくある謝辞が、俺にはどうも、防衛機制のように見える（「ワタシは誰某とお友だちです」）。ほんと、いやなやつだろ？

以上は茂木健氏訳の『フランク・ザッパ自伝』におけるザッパの口真似のつもりです。Thank you for reading!

著者略歴
市田良彦（いちだ　よしひこ）
一九五七年生。
京都大学大学院経済学研究科博士後期課程修了。
神戸大学大学院国際文化学研究科教授

主要著書・論文
『ルイ・アルチュセール――行方不明者の哲学』（岩波書店）
『存在論的政治――反乱・主体化・階級闘争』（航思社）
『革命論　マルチチュードの政治哲学序説』（平凡社）
Politiques des multitudes（共著、Éditions Amsterdam）

本書は二〇〇七年に「哲学の現代を読む５」として小社より刊行された。

ランシエール　新〈音楽の哲学〉《新装復刊》

二〇二一年五月五日　印刷
二〇二一年五月二五日　発行

著者　© 市田良彦
装幀者　仁木順平
発行者　及川直志
印刷所　株式会社三陽社
発行所　株式会社白水社
東京都千代田区神田小川町三の二四
電話　営業部〇三（三二九一）七八一一
　　　編集部〇三（三二九一）七八二一
振替　〇〇一九〇-五-三三二二八
郵便番号　一〇一-〇〇五二
www.hakusuisha.co.jp
乱丁・落丁本は、送料小社負担にてお取り替えいたします。

株式会社 松岳社

ISBN978-4-560-09847-9
Printed in Japan

▷本書のスキャン、デジタル化等の無断複製は著作権法上での例外を除き禁じられています。本書を代行業者等の第三者に依頼してスキャンやデジタル化することはたとえ個人や家庭内での利用であっても著作権法上認められていません。

ジャック・デリダ講義録

ジャック・デリダ

獣と主権者 I

西山雄二、郷原佳以、亀井大輔、佐藤朋子 訳

狼、狐、獅子、子羊、蛇、鷲……多種多様な動物をとりあげながら、獣と主権者の古典的対立を脱構築的に読みかえ、主権概念の伝統的な規定を問いなおしてゆく。著者晩年の政治＝哲学的思索の白眉。

獣と主権者 II

西山雄二、亀井大輔、荒金直人、佐藤嘉幸 訳

生き埋めにされるという幻像から『ロビンソン・クルーソー』を読み解き、土葬と火葬という「喪の作業」の二項対立を考察し、ハイデガーとともに、動物と人間が共住する世界の「支配」を問う！ 「脱構築」の到達点。

死刑 I

高桑和巳 訳

残酷さ、血、例外、恩赦、主権……死刑をめぐる概念を、哲学的・文学的・法的テクストから読みなおしてゆく。死刑存廃論の脱構築！

ハイデガー　存在の問いと歴史

亀井大輔、加藤恵介、長坂真澄 訳

ハイデガーの『存在と時間』をデリダ自身が翻訳し、読解する――「歴史」を揺るがした全９回の講義。自筆原稿 16 頁カラー口絵収録。